Moodle para profesores-editores

Rafael Luis Granados La Paz

Luis Fernando Pérez Peregrino

ic editorial

Moodle para profesores-editores
© Rafael Luis Granados La Paz
© Luis Fernando Pérez Peregrino

1ª Edición

© IC Editorial, 2025

Editado por: IC Editorial
c/ Cueva de Viera, 2, Local 3
Centro Negocios CADI
29200 Antequera (Málaga)
Teléfono: 952 70 60 04
Fax: 952 84 55 03
Correo electrónico: iceditorial@iceditorial.com
Internet: www.iceditorial.com

ISBN: 979-13-7027-061-2
Depósito Legal: MA 1748-2025

Impresión: PODiPrint
Impreso en Andalucía – España

Nota de la editorial: IC Editorial pertenece a Innovación y Cualificación S. L.

Índice

Capítulo 1
Conociendo Moodle

1. Introducción   7
2. Filosofía   7
3. *Open Source*   9
4. Acceso   10
5. Mi perfil   13
6. Descripción de cursos   16
7. Entorno   22
8. Resumen   32
    Ejercicios de repaso y autoevaluación   33

Capítulo 2
Creación y configuración de cursos

1. Introducción   37
2. Creación   37
3. Configuración   72
4. Resumen   127
    Ejercicios de repaso y autoevaluación   129

Capítulo 3
Gestionando el curso

1. Introducción   133
2. Matrícula   133
3. Condicionales   138
4. Informes   142
5. Grupos   150
6. Participantes y comunicaciones   159
7. Scorm   164
8. Copias de seguridad   174
9. Calificador   185

10. Resumen   194
    Ejercicios de repaso y autoevaluación   197

Glosario   199

Bibliografía   201

Capítulo 1
Conociendo Moodle

Contenido

1. Introducción
2. Filosofía
3. *Open Source*
4. Acceso
5. Mi perfil
6. Descripción de cursos
7. Entorno
8. Resumen

1. Introducción

Moodle es un *software* de carácter libre y de código abierto, cuya versión 1.0 se remonta al año 2002. El desarrollo inicial de Moodle comenzó en el año 1999, por Martin Dougiamas, que buscaba programar una plataforma que permitiese la creación de cursos *online*. Moodle adquirió su arquitectura actual en el año 2001, y desde entonces ha sido una evolución constante.

Moodle recibe su nombre de *Modular Object-Oriented Dynamic Learning Environment,* cuya traducción al castellano equivale a "Entorno de aprendizaje dinámico modular orientado a objetos". Este nombre se irá citando a lo largo del capítulo, y es toda una declaración de intenciones de todo lo que es capaz de ofrecer Moodle.

Moodle se fundamenta en el aprendizaje no presencial, lo cual lo hace idóneo para aplicarlo en situaciones en las cuales el alumnado no puede asistir al centro de enseñanza sea cual sea el motivo. Moodle se puede encuadrar dentro de los llamados "Sistemas de Gestión de Aprendizaje" *(Learning Management System,* o *LMS* haciendo uso de sus siglas en inglés).

Es bastante utilizado en diversos ámbitos relacionados con el mundo de la educación y la enseñanza, gracias a sus posibilidades para la creación de cursos con contenido diverso (documentos, vídeos, enlaces), su facilidad para la gestión del progreso y evaluación del alumno y su vertiente social que favorece la comunicación entre alumnos y posibilita el aprendizaje cooperativo.

Todo lo anterior, unido a su coste nulo (la licencia es gratuita) y facilidad de uso, hacen de Moodle una de las plataformas de enseñanza más utilizadas en el mundo.

2. Filosofía

Cuando se habla de la filosofía de Moodle, primero, hay que apuntar que se trata de un *software* de tipo *Open Source*. Esto significa que es un *software* de carácter libre y gratuito. No se encuentra financiado por inversores, ya que desde primera hora se adoptó el carácter de *software* libre basado en la comunidad.

Con esto se evita la presión por parte de inversores externos que lo único que buscan, generalmente, es recuperar su inversión o vender a terceros datos relativos a los clientes que utilizan su producto.

La pregunta entonces es, ¿cómo se financia Moodle? El desarrollo de Moodle está financiado por una red de socios certificados de Moodle, que se encuentran disponibles para ayudar a aquel que lo necesite. Estos socios revierten un porcentaje de un 10 % a *Moodle HQ*, del cual depende el equipo de desarrolladores que mantienen todos los recursos de la comunidad y que, por supuesto, se encargan de mejorar al propio Moodle.

De esta manera, cada vez que alguien necesita ayuda de Moodle, es preferible que contacte con alguno de los socios de Moodle. Así, al mismo tiempo, se estará favoreciendo el desarrollo del mismo.

 Actividades

1. Ponga algún ejemplo de sitio web creado con Moodle.

 Sabía que...

Moodle se encuentra traducido a más de 100 idiomas, y se utiliza en más de 60.000 sitios web.

3. *Open Source*

En el punto anterior se ha dicho que Moodle es un *software Open Source*. Esto implica que el código fuente está disponible con una licencia que permite el estudio, distribución y modificación del código por cualquiera y para cualquier propósito.

Debido a lo anterior, es normal que un *software Open Source* sea desarrollado de manera colaborativa. Siguiendo la definición de este tipo de *software*, es fácil llegar a la conclusión de que el acceso al código fuente por parte de muchos interesados desemboca en una serie de mejoras que pueden ser integradas en el *software* en versiones posteriores.

Esto también permite el desarrollo de *plugins*, que se puede considerar como extensiones optativas del *software* original pero que conllevan una utilidad bien definida. En el caso de Moodle existen multitud de complementos, que permiten extender la funcionalidad del *software.* Entre las diferentes utilidades de los *plugins* se encuentran el poder habilitar la generación de diferentes tipos de informes, instalar temas complemente diferentes a los disponibles por defecto, personalizar en mayor medida el tipo de curso, crear nuevos tipos de actividades y recursos y, por ejemplo, definir nuevas formas de matriculación o de acceso al sistema.

Este es un tema muy interesante, pero no se contemplará dentro de este manual al encontrarse fuera del alcance del mismo. Para poder instalar estos complementos en Moodle, se requieren permisos de administrador en el campus virtual, aparte de tener acceso al servidor donde está alojado con el fin de colocar los archivos necesarios en las carpetas correspondientes.

 Recuerde

Los *plugins* de Moodle son opcionales. Aunque sus bondades son evidentes, no se tendrán en cuenta en este manual por diversificar en demasía el objeto de estudio y requerir de accesos especiales que no se pueden presuponer.

4. Acceso

Para acceder a Moodle hay que acceder a la dirección URL que apunta al servidor en el cual está instalado. En una buena parte de las imágenes ilustrativas de este manual se hace uso de un Moodle instalado en una máquina local, a través de la solución *XAMPP* y usando *Windows* como plataforma base.

XAMPP instala, en esencia, un servidor local y una base de datos en la computadora. De esta manera se puede simular el funcionamiento de Moodle sin necesidad de recurrir a un servidor externo, posibilitando un buen entorno de prueba sin coste extra por parte del usuario.

En la siguiente imagen se muestra la página inicial de acceso a Moodle. Se recuerda que este manual está enfocado a un usuario de tipo Profesor. Esto implica que no se dispondrá, por lo general, de acceso a las posibilidades de administración de Moodle (creación de cuentas, creación de cursos, administración de usuarios, instalación de extensiones o *plugins*...). Así que se parte de la idea de que se está trabajando con un Moodle ya instalado y con una cuenta de usuario Profesor a la cual se tiene acceso.

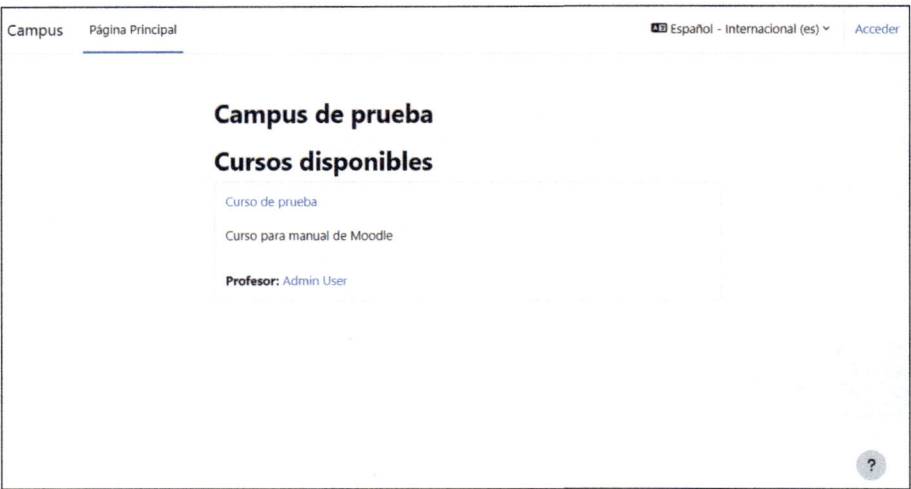

Página de acceso a Moodle

Para acceder al campus virtual hay que hacer clic en el enlace **Acceder,** que se encuentra en la esquina superior derecha. Debido a que se está trabajando con un Moodle sin modificar, con el tema por defecto, este enlace puede cambiar y estar presente en otro lugar, o incluso presentar directamente un formulario de ingreso cuando se acceda a la página.

Partiendo del contexto comentado en el párrafo anterior, después de hacer clic en el enlace a **Acceder,** se presentará la siguiente página:

Página de introducción de usuario

Una vez dentro del campus virtual se pueden ver los cursos disponibles y las opciones de navegación básicas. En la parte central aparecerán los cursos en los cuales el profesor está matriculado. En este caso se dispone de un curso, llamado **Curso de prueba.**

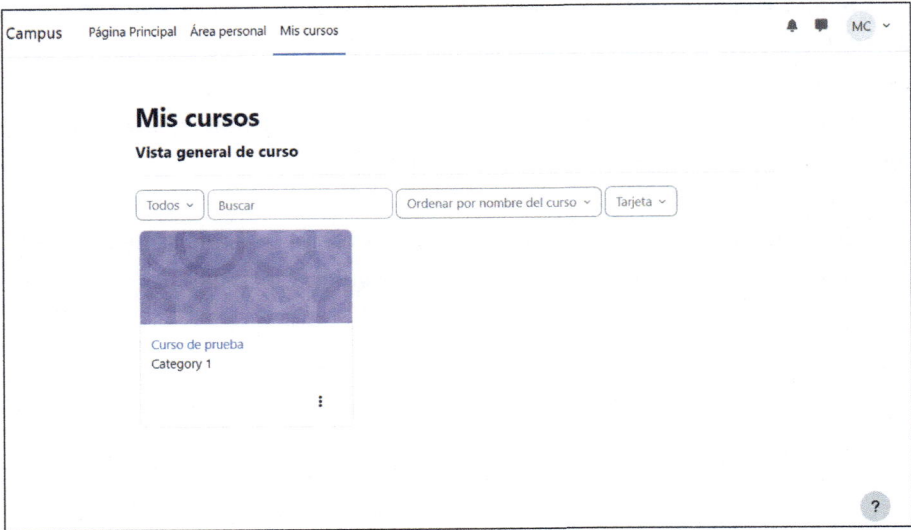

Página del campus una vez se ha accedido como usuario del mismo.

 ## Actividades

2. Acceda con el usuario que le han facilitado al campus virtual correspondiente.

 ## Sabía que...

Para acceder a un campus virtual implementado con Moodle no hace falta estar matriculado en un curso. Basta con estar dado de alta en el campus como usuario. Aunque, evidentemente, las posibilidades de realizar algo interesante disminuyen drásticamente.

5. Mi perfil

En este apartado se verá cómo personalizar un poco el **Perfil de Usuario.** De nuevo se hace hincapié en el hecho de que la distribución de Moodle puede cambiar en función al tema seleccionado.

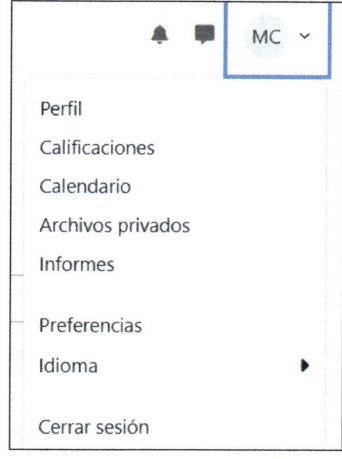

Haciendo clic en el círculo con las iniciales del usuario (el usuario que se está usando como ejemplo para ilustrar estas imágenes se llama **Manuel Campos (MC))** se desplegará un menú con varias opciones. Ahora mismo, la única que interesa es la opción **Perfil.**

Desplegable de opciones de usuario

La página que se ofrece después de hacer clic en **Perfil** se muestra a continuación.

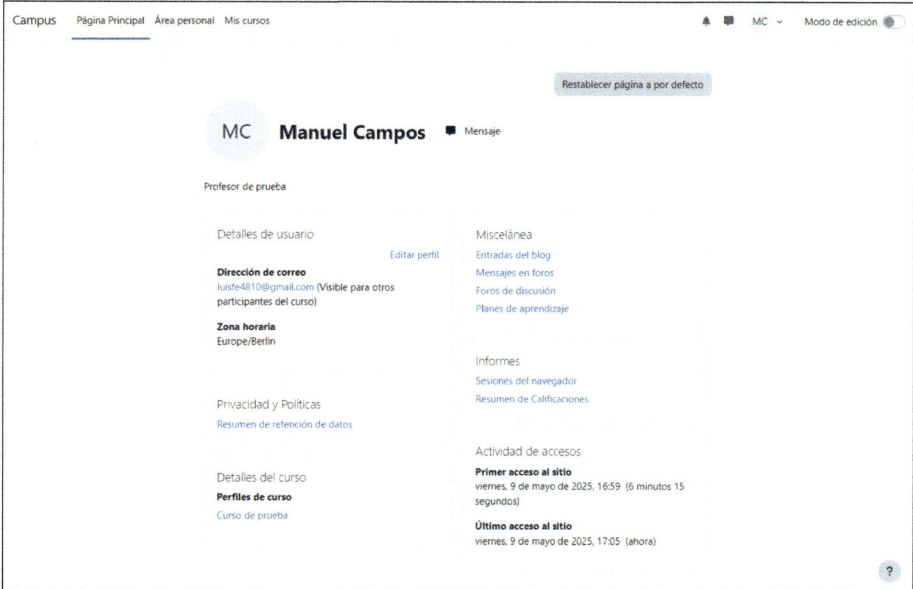

Opciones de perfil de usuario

Como se puede apreciar, hay disponibles varias opciones, relativas a **Cursos, Informes, Actividad de accesos...** Por ahora hay que centrarse en la opción de **Detalles de usuario.** Haciendo clic en **Editar perfil** aparecerá la siguiente página, tal como muestra la imagen.

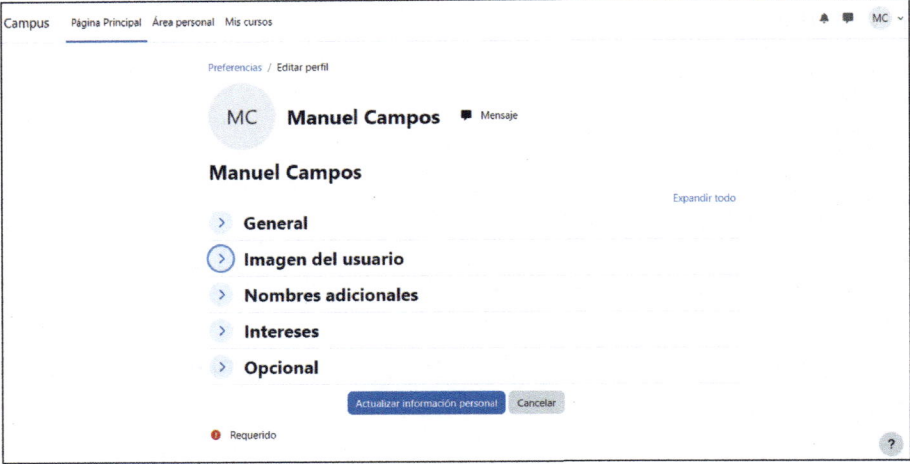

*Opciones de **Editar perfil***

Pulsando en el enlace **Expandir todo** se expandirán los desplegables existentes en la opción sin necesidad de ir haciendo clic en cada uno de ellos. Esto es una constante en varias de las opciones presentes en Moodle.

Una vez vistos los detalles más básicos de la navegación dentro de la edición de perfil, se pasarán a enumerar una a una las opciones disponibles dentro de esta página de edición:

- General

    ▌ Nombre.
    ▌ Apellido.
    ▌ Dirección de correo.
    ▌ Visibilidad del correo electrónico.
    ▌ Id perfil MoodleNet.
    ▌ Ciudad.

- ▮ Seleccione país.
- ▮ Zona horaria.

- **Descripción:** es un campo libre en el cual se pueden poner unas líneas sobre uno mismo. Esta información estará disponible para cualquier usuario que visualice el perfil en cuestión.
- **Imagen del usuario:** permite seleccionar una imagen del usuario, además de acompañarla de una descripción.
- **Nombre adicionales:** permite especificar otros nombres o alias, a parte del definido en el desplegable General.
- **Intereses:** lista de intereses que el usuario quiere mostrar.
- **Opcional:** datos complementaros, como página web, teléfono, dirección…

Una vez se ha introducido la información pertinente o, simplemente, se ha efectuado una modificación sobre datos previos, quedaría pulsar en **Actualizar información personal.** De esta forma los nuevos datos quedarán almacenados en la base de datos del campus virtual.

Para el caso concreto que se está usando como ejemplo, después de la introducción de ciertos datos, el perfil se verá de la siguiente manera.

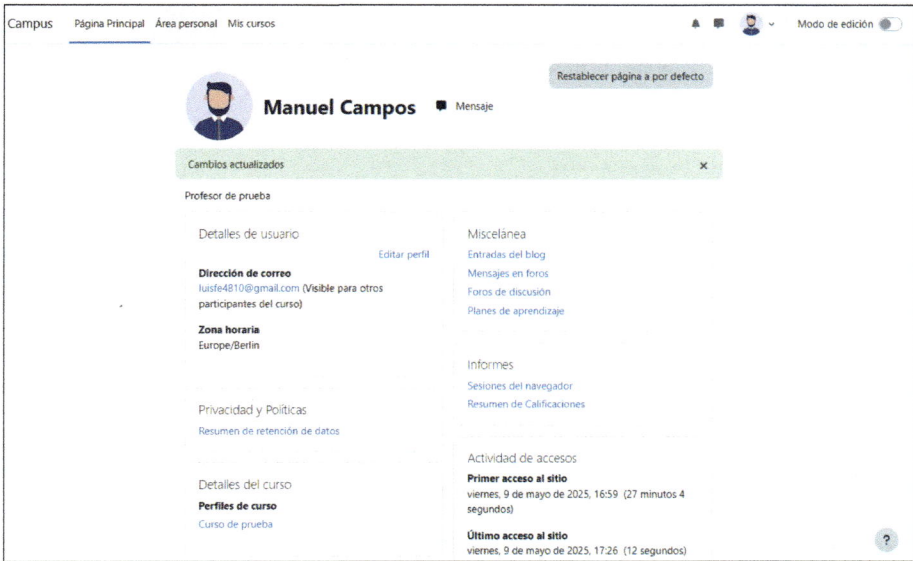

Perfil de usuario actualizado

Ningún dato es obligatorio, excepto nombre, apellidos y mail (los cuales ya estarán disponibles, pues tuvieron que ser facilitados por el administrador al dar de alta al usuario con el cual se está accediendo al campus virtual).

Actividades

3. Personalice su perfil en Moodle con los datos que considere oportunos.

6. Descripción de cursos

La descripción de los cursos son las líneas de texto que acompañan a cada uno de los cursos en la pantalla principal del campus virtual. Como recordatorio, en la siguiente imagen se muestra lo que aparecía al acceder por primera vez al campus virtual, en la parte correspondiente a **Cursos disponibles.**

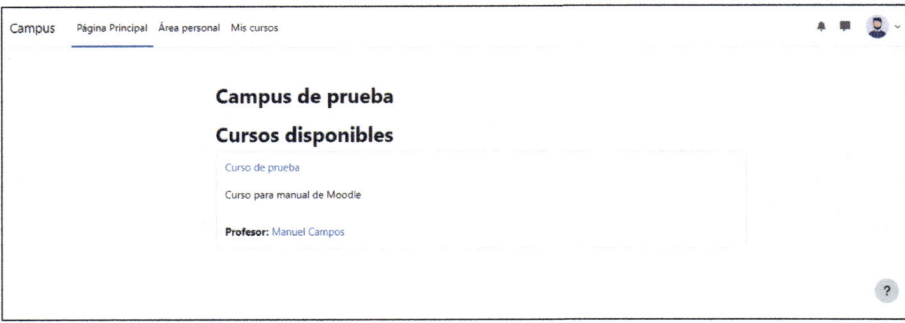

Descripción de curso

Antes de continuar debe hacerse una puntualización: se presupone que el usuario con el que se está matriculado en el curso con el rol de **Profesor con permiso de edición** (o **Profesor,** a secas). Existe otro rol que es **Profesor sin permiso de edición.** Este último es básicamente un **Profesor** también, pero no podrá efectuar ninguna modificación en el curso. No se trata simplemente de editar la descripción del curso. Se trata también de añadir contenido, matricular usuarios... en definitiva, bastantes aspectos que se irán viendo en este manual.

La siguiente captura muestra la página principal del curso una vez se acceda a él.

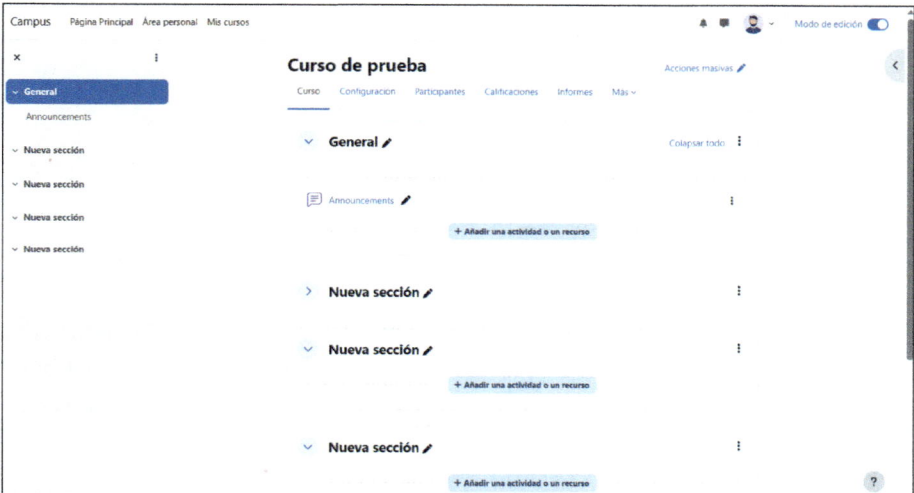

Página principal del curso

Para ver la pérdida de opciones que conlleva estar matriculado como profesor sin permiso de edición, simplemente hay que hacer clic en **Cambiar rol,** y seleccionar **Profesor sin permiso de edición.**

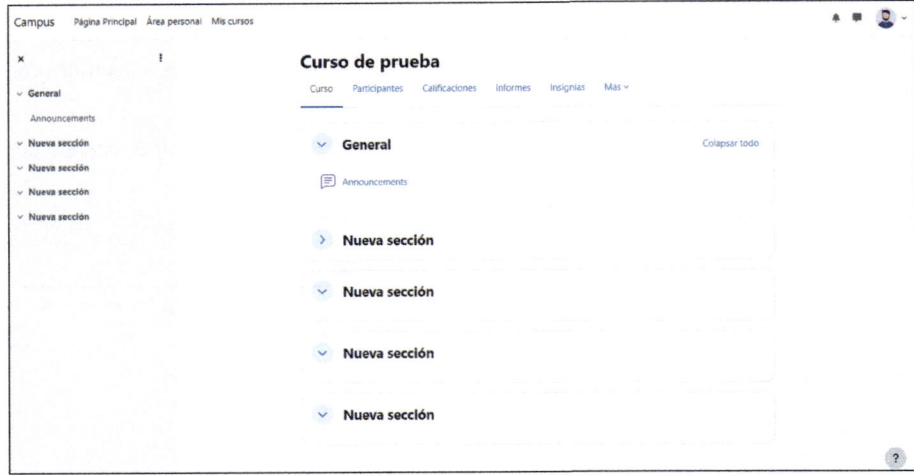

Página principal del curso, accediendo como Profesor sin permiso de edición

Como puede apreciarse, se pierden bastantes opciones y posibilidades. Los contenidos del curso seguirán siendo accesibles, pero no se podrán efectuar labores de modificación y creación de nuevos contenidos al perderse, entre otras cosas, la posibilidad de **Modo edición.**

Sabía que...

Igual que se ha podido cambiar el rol a "Profesor sin permiso de edición", también se puede cambiar a "Estudiante". Esto resulta muy interesante para poder comprobar la manera exacta en la que estudiante visualiza el curso.

Actividades

4. Modifique su rol a "Estudiante". Observe las diferencias de opciones respecto a su rol original de "Profesor".

Para modificar la descripción del curso, simplemente hay que seguir el siguiente proceso:

1. Ir a la pantalla principal del curso.
2. Ir al bloque **Configuración.**
3. Ir a **Descripción.**

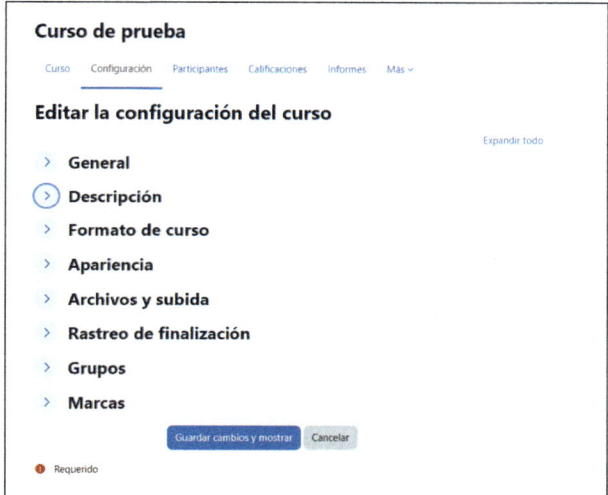

Bloque de Configuración

En el menú de **Configuración** del curso se pueden editar todos los aspectos relevantes del mismo, pero por ahora se hará solo uso del apartado dedicado a **Descripción.**

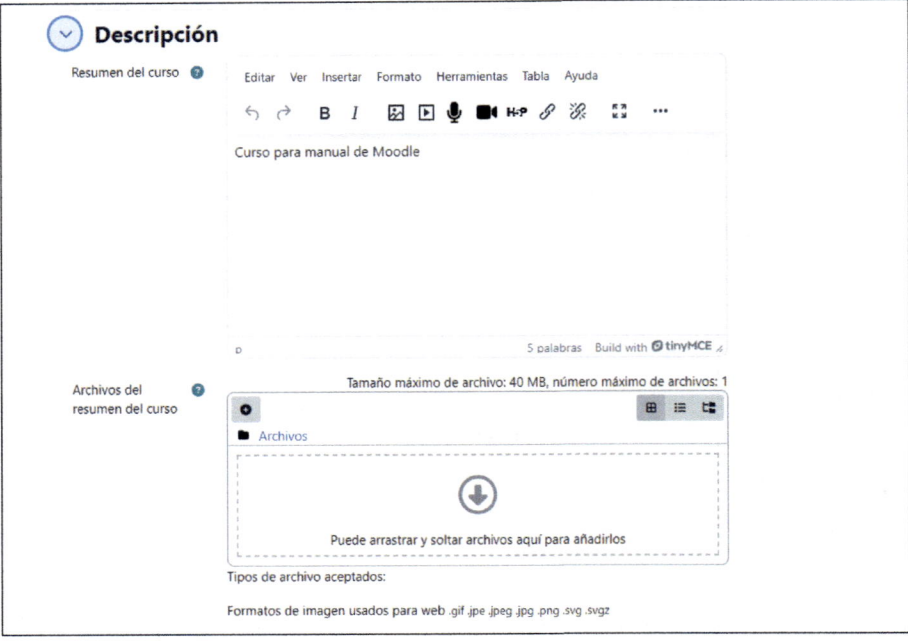

Edición de ajustes del curso para modificar la Descripción

Dentro del apartado **Descripción** se pueden hacer dos modificaciones:

- **Resumen del curso:** texto que acompañará al curso y que servirá como descripción del mismo en la página principal del campus virtual.
- **Archivos de resumen del curso:** imagen que acompañará a la descripción del curso en la página principal del campus virtual.

Para ilustrar la modificación de la descripción, se ha procedido a añadir texto y adjuntar una imagen. Una vez guardados los cambios, únicamente quedará ir a la página de inicio del campus. Para ello debemos hacer clic sobre **Página Principal.**

Campus	Página Principal Área personal Mis cursos

Botón de Página Principal

Los resultados en este ejemplo concreto serán los siguientes:

Descripción del curso modificada en la página de inicio del campus virtual

Recuerde

Para efectuar modificaciones en un curso debe de ser matriculado en el mismo con el rol de "Profesor con permiso de edición".

Actividades

5. Edite una descripción de un curso y modifique la imagen que lo acompaña.

7. Entorno

A continuación, se realizará una descripción de los menús que aparecen en la página principal de un curso. Estos elementos son recursos informativos sobre ciertos aspectos del curso. Algunos menús, como **Curso,** aparecen por defecto. Otros, como **Administración,** dependen del rol con el que se acceda. En los siguientes apartados se describirán los menús más importantes, además de mencionar sus opciones de configuración.

Bloque de Curso

Es el bloque principal del curso. En él, aparecen las secciones que comprenden el curso.

Bloque de Curso

Bloque de Configuración

Este bloque es sumamente importante para la administración del curso. La explicación no será muy extensa, puesto que será tratado en siguientes puntos, pero básicamente permite la personalización del curso.

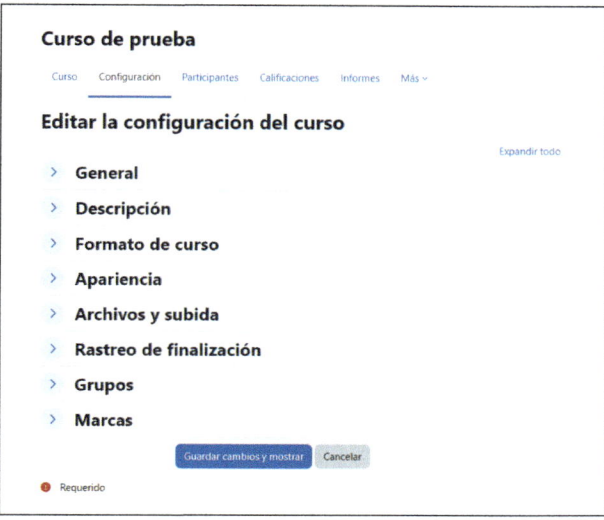

Bloque de Configuración

 ## Actividades

6. ¿Qué elementos del bloque de Configuración han sido contemplados en páginas anteriores?

Bloque de Participantes

Este bloque permite el manejo de los participantes en el curso, como por ejemplo, matricular usuarios y asignarles roles dentro del curso.

Bloque de Participantes

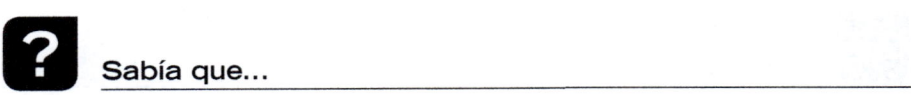

Sabía que...

La búsqueda avanzada permite afinar todavía más en la búsqueda, teniendo en cuenta aspectos como la fecha de publicación, palabras que deben aparecer, palabras que no deben aparecer...

Bloque de Calificaciones

En este bloque el profesor puede manejar las calificaciones de los alumnos del curso.

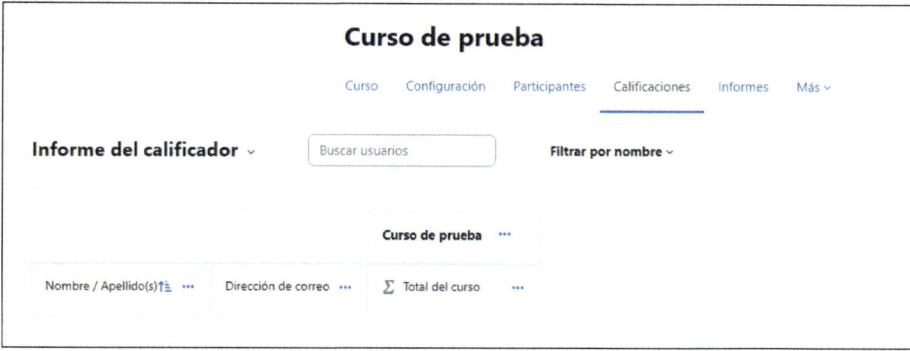

Bloque de Calificaciones

 **Actividades**

7. Califica a los alumnos del curso y muéstralos de mayor a menor nota.

Bloque de Informes

El bloque de **Informes** en Moodle es una herramienta clave para que administradores, profesores (y a veces estudiantes) accedan a datos y estadísticas del curso o del sitio.

Bloque de Informes

Bloque de Más

Si desglosamos la pestaña de **Más** podemos acceder a otros apartados como los que vemos en la siguiente imagen:

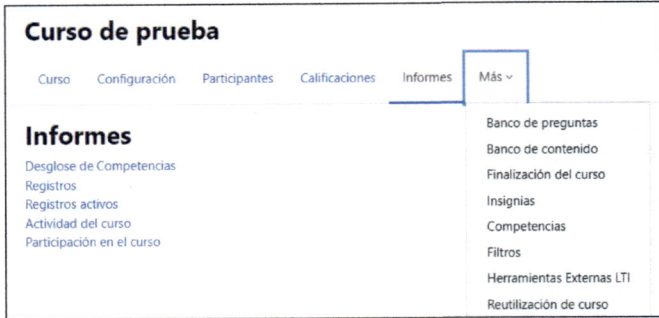

Bloque de Más

Agregar una Sección

Si entramos en el modo de edición podemos agregar, eliminar o modificar las secciones. En este caso vamos a agregar una sección.

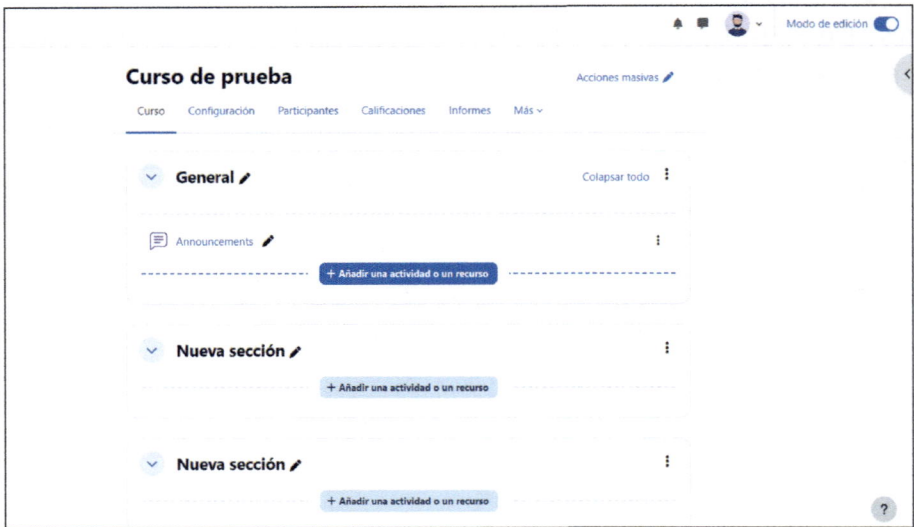

Agregar una Sección

Si pulsamos sobre **Añadir una actividad o un recurso** nos aparece una ventana con todos los recursos y actividades que podemos añadir:

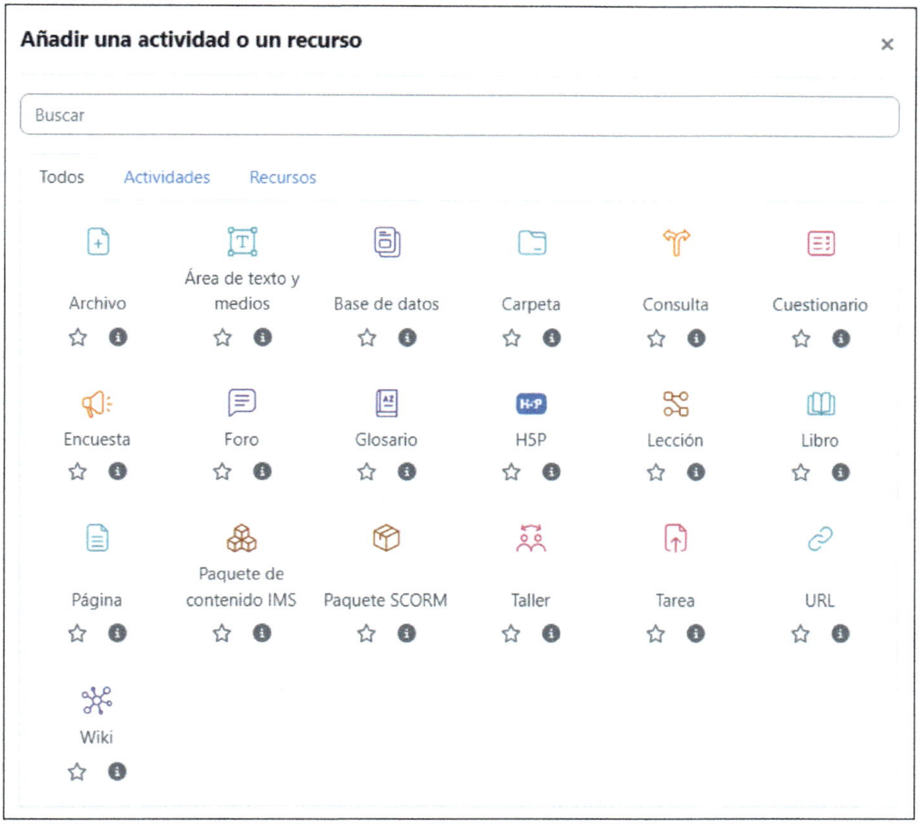

Añadir una actividad o un recurso   ×

Buscar

Todos   Actividades   Recursos

Archivo	Área de texto y medios	Base de datos	Carpeta	Consulta	Cuestionario
Encuesta	Foro	Glosario	H5P	Lección	Libro
Página	Paquete de contenido IMS	Paquete SCORM	Taller	Tarea	URL
Wiki					

Agregar una actividad o recurso

Recuerde

"Agregar una actividad o recurso" solo está presente cuando se ha hecho clic en la opción de "Modo edición". Se hace hincapié en que dicha posibilidad únicamente está presente para Profesor con permiso de edición.

Para explicar la edición de una sección se partirá de la siguiente imagen:

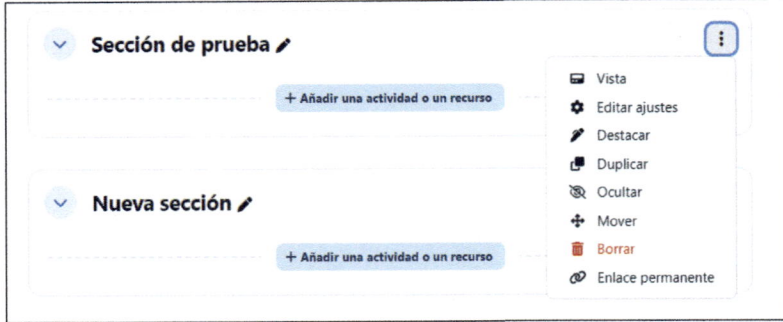

Ejemplo de Edición de una sección

Para eliminar una sección hay que desplegar el menú haciendo clic en los tres puntos situados en la esquina superior derecha del bloque. En el menú que se despliega no hay más que pulsar en **Borrar.**

El proceso de arrastrar la sección y situarla en otra posición, por otra parte, se realiza pasando el ratón por encima de la sección y aparecerá el icono que representa dicha opción:

Por otra parte, para colapsar el bloque y que se muestre en forma de pestaña en la parte izquierda de la pantalla, simplemente hay que hacer clic en el icono de la esquina superior izquierda, que contiene una flecha apuntando a la izquierda. El icono es el siguiente:

 **Actividades**

8. Crea una nueva sección que sea una encuesta para los alumnos.

Agregar un bloque

Si queremos agregar un bloque debemos pulsar en la pestaña de la esquina superior derecha de la pantalla.

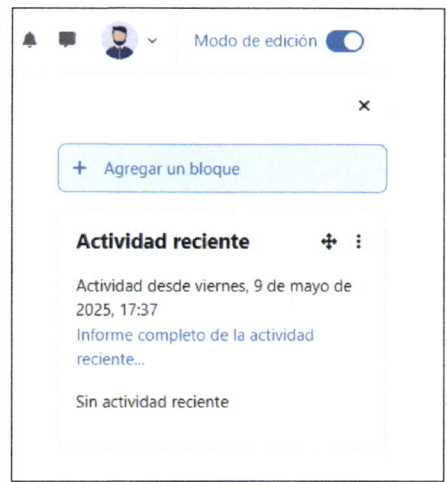

Agregar un bloque

Al pulsar en **Agregar un bloque** nos aparece los tipos de bloques que podemos añadir.

Agregar un bloque   ✕

Actividades

Aprendices (Mentees)

Archivos privados

Avisos recientes

Buscar en los foros

Calendario

Comentarios

Entrada aleatoria del glosario...

Entradas de blog recientes

Estatus de finalización del curso

Insignias recientes

Marcas

Marcas de Blog

Menú de Blog

Planes de aprendizaje

Cancelar

Tipos de bloques

 ## Aplicación práctica

Se pretende personalizar un curso de Moodle, preparando las secciones de cierta manera más acorde a la didáctica del curso y al enfoque del mismo. Partiendo de la imagen inicial, hay que realizar la edición para llegar a la imagen final.

Continúa en página siguiente >>

<< Viene de página anterior

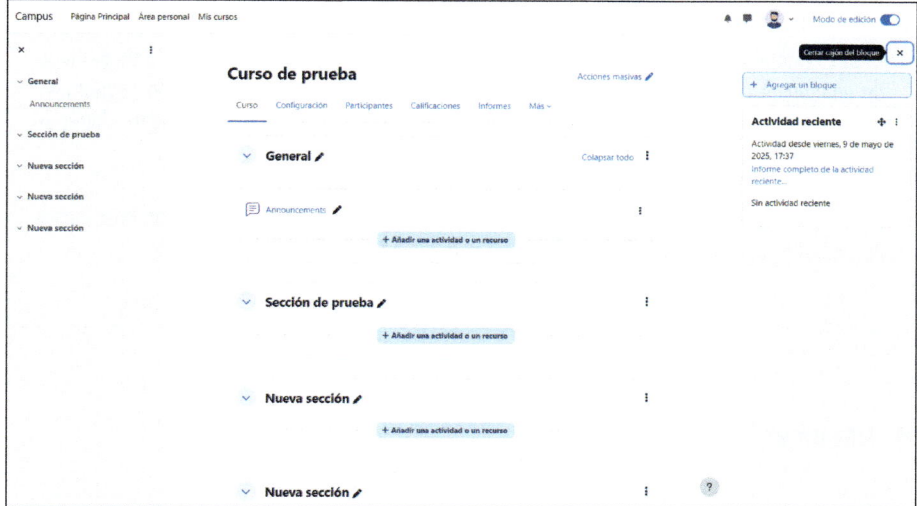

Imagen inicial del curso

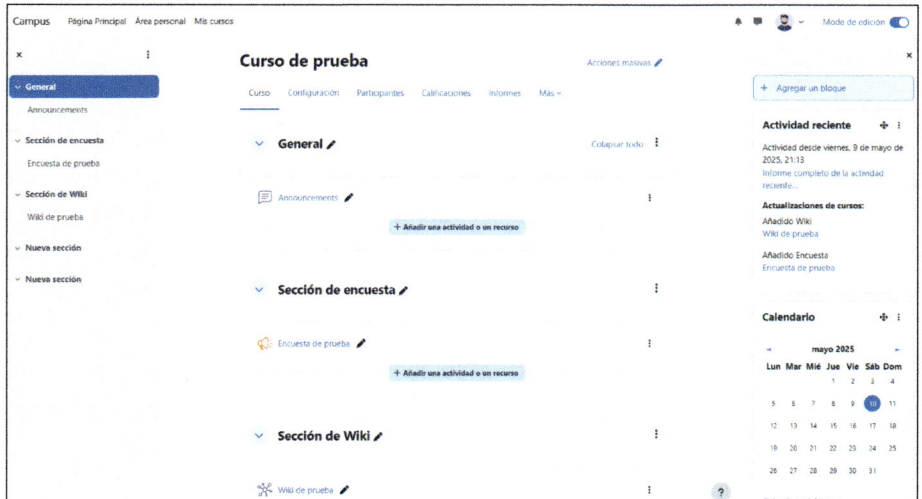

Imagen final del curso

Continúa en página siguiente >>

<< Viene de página anterior

SOLUCIÓN

El paso inicial es hacer clic en Activar Edición, suponiendo que todavía no está en el modo de edición. A continuación hay que eliminar el bloque Buscar en Foros. Acto seguido se agregarán los bloques de Mensajes y Usuarios en línea, haciendo uso del bloque Agregar un Bloque.

Lo último que quedaría es colapsar los bloques de Últimas Noticias, Eventos Próximos y Actividad Reciente, haciendo uso del icono correspondiente.

---

8. Resumen

En este capítulo se ha hecho una breve introducción a Moodle, contextualizando el tipo de *software* en el cual se encasilla (Sistemas de Gestión de Aprendizaje, o *LMS)* y haciendo hincapié en su naturaleza *Open Source,* que posibilita que se tenga acceso al código fuente (con vistas a modificaciones) y que su uso sea gratuito.

Por otra parte, se ha presentado la forma de acceso al campus virtual. En esencia la persona que quiera acceder necesita un usuario y una contraseña, que previamente le ha tenido que ser facilitada por algún responsable. También es recomendable que esa persona haya sido matriculada en algún curso, puesto que de lo contrario sus opciones estarán bastante restringidas.

Se ha continuado describiendo la página de personalización del perfil de usuario. Esta personalización puede ser importante, puesto que mostrará información sobre todos los participantes que estén inscritos en el curso.

Por último se ha hecho un recorrido sobre la descripción de los cursos y sobre las secciones más importantes que conforman el entorno de Moodle, sin olvidar volver a mencionar el hecho de que las secciones que aparezcan dependen de los permisos de los que disfrute el usuario. Por último, también, se ha visto la posibilidad de añadir bloques al curso.

Ejercicios de repaso y autoevaluación

1. El pilar básico de Moodle es...

   a. ... el aprendizaje no presencial.
   b. ... el aprendizaje presencial.
   c. ... el aprendizaje mixto.
   d. Todas las opciones son correctas.

2. Las siglas de Moodle significan:

   a. *Modular Original Object Dynamic Learning Enterprise.*
   b. *Modular Object Oriented Dynamic Learning Enterprise.*
   c. *Modular Object Oriented Dynamic Learning Environment.*
   d. *Modular Object Oriented Dynamic Lineal Environment.*

3. La licencia de Moodle...

   a. ... es gratuita, bajo cualquier condición.
   b. ... es gratuita, solo para uso personal.
   c. ... es gratuita siempre que no se modifique el programa.
   d. ... requiere un pago simbólico para poder disfrutar de ella.

4. Moodle es un *software* de tipo...

   a. ... *Open source.*
   b. ... libre.
   c. ... gratuito.
   d. Todas las opciones son correctas.

5. Los *plugins,* o extensiones, amplían la funcionalidad de _____. Generalmente son desarrollados por _____, y su instalación es siempre de carácter _____.

6. ¿Qué es necesario para que funcione Moolde? ¿Hace falta algún sistema operativo en concreto?

_____

_____

_____

_____

7. Para poder entrar a la página principal de un campus virtual desarrollado con Moodle, se requiere...

    a. ... estar matriculado en, al menos, un curso.
    b. ... tener un usuario activo en el campus virtual.
    c. ... para acceder a la página principal no hace falta usuario en el campus virtual.
    d. ... disponer de un correo electrónico.

8. El apartado de Descripción de un Curso se muestra en la página _____ del campus virtual. Puede incluir una _____ de manera opcional, y siempre debe rellenarse de manera _____ al crear un curso.

9. Es un menú de Moodle:

    a. Menú de Configuración.
    b. Menú de Participantes.
    c. Menú de Informes.
    d. Todas las opciones son correctas.

10. Describa la opción cuya activación se requiere antes de proceder a agregar un bloque. Indique quién puede llevarla a cabo.

_____

_____

_____

_____

Capítulo 2
Creación y configuración de cursos

Contenido

1. Introducción
2. Creación
3. Configuración
4. Resumen

1. Introducción

Los cursos son el elemento central de enseñanza y aprendizaje alrededor del cual está estructurado Moodle. De poco sirve tener un usuario activo en un Campus Virtual Moodle y no estar matriculado en alguno de sus cursos.

En este capítulo se verá el proceso de creación de un curso en Moodle, presentando cada uno de los posibles formatos que se permiten por defecto y las posibilidades de **Apariencia, Rastreo, Configuración de Grupos y Gestión de Roles.** Todos estos aspectos se engloban dentro del proceso de creación, aunque también se pueden modificar posteriormente a la creación del grupo.

Por otro lado, en una segunda parte de este capítulo, se abordarán los aspectos relativos a la configuración del curso. Se volverá a incidir en conceptos claves ya introducidos previamente, como el **Modo Edición** (para efectuar ediciones y añadir nuevo contenido) y la **Gestión de Secciones** (para personalizar en cierta medida la información que se muestra y el acceso a la misma).

La última parte estará dedicada a tres de las actividades principales que, por norma general, forman parte de un curso Moodle. Estas actividades son los paquetes SCORM, las tareas, los cuestionarios y los foros. Dichas actividades son muy importantes, puesto que permiten opciones de seguimiento y permiten recibir una calificación, gracias a la cual el docente puede ponderar el aprovechamiento que el alumno está realizando del curso.

2. Creación

La creación de un Curso en Moodle es, básicamente, el desarrollo de un esqueleto básico sobre el que posteriormente se llevará a cabo un añadido/configuración de elementos en forma de **Tareas, Cuestionarios, paquetes SCORM** y otros elementos. Este desarrollo exige de ciertas decisiones básicas que, por supuesto, pueden ser modificadas una vez el curso ha sido creado.

? Sabía que...

Existen más tipos de actividades y recursos que pueden formar parte de un curso de Moodle: chat, foros, enlaces, documentos... Este manual únicamente se centrará en los paquetes SCORM, los cuestionarios, las actividades y los foros.

2.1. Información general

Como se ha dicho en la introducción, un curso es el elemento a través del cual el alumno lleva a cabo su labor de aprendizaje. Desde la perspectiva del Profesor, por otro lado, un curso será la herramienta que le permitirá estructurar los recursos asociados al objeto de estudio propuesto, planteando actividades con las cuales el alumno podrá interactuar.

En definitiva, el objetivo del Profesor es gestionar una serie de elementos para alcanzar un fin que será, por regla general, el seguimiento y la posterior calificación de cada uno de los estudiantes del curso.

Las posibilidades de creación de un curso son prácticamente infinitas, al igual que las posibilidades de modificación posterior. Sin embargo, hay que tener en cuenta que, aunque se sabe que un curso se puede crear desde cero, el caso típico es que el Profesor se encuentre con un curso ya creado y que, como mucho, tendrá permisos para edición. Esto es debido a dos razones:

1. Para poder crear un curso desde cero, el Profesor de un curso también deberá tener permiso de Administrador en el campus o tener asignado el rol global de **Creador de curso.** Un rol global es aquel asignado a nivel de campus, independientemente del curso en el que se esté matriculado. Las dos opciones anteriores son las opciones básicas que permiten la creación de un curso en Moodle. En caso contrario solo tendrá acceso a la edición del curso, siempre que sea **Profesor con Permisos de Edición** (de aquí en adelante **Profesor,** a secas). Se recuerda que también existe

la figura de **Profesor sin Permisos de Edición** que, básicamente, debe de "conformarse" con lo que tiene.

2. La propia naturaleza de los **paquetes SCORM.** Esto se verá más adelante, pero por ahora la idea que hay que dejar clara es que en el contenido SCORM se concentra el núcleo teórico del curso. Este contenido está claramente definido por un estándar (existen varias versiones de SCORM), al cual es necesario ajustarse, necesitando, por lo general, de herramientas especiales para su creación. Este desarrollo, teniendo en cuenta el concepto de Profesor en sentido estricto, no pertenece a las competencias de este último, debiendo de adaptar su impartición al contenido que se ofrece dentro de los paquetes SCORM.

 Recuerde

Un simple Profesor (tenga o no permisos de edición) no puede crear un curso desde cero, a no ser que disponga de permisos de Administrador del campus o tenga el rol global de Creador de Curso.

Así que, teniendo en cuenta estas premisas, en los siguientes puntos se ofrecerá una visión general de cómo crear un curso desde cero en un Campus Virtual implementado con Moodle.

2.2. Formatos del curso

El formato del curso es la forma en que estará estructurado dicho curso. Un curso se puede plantear de diferentes formas. Podría considerarse la analogía de que es una especie de libro, planteando cada tema del curso como si fuese un capítulo. También se puede distribuir de forma semanal, dedicando cada semana a un tema determinado. O, por ejemplo, se puede estructurar en torno a un foro de debate.

Para crear un curso, como se ha dicho en el punto anterior, el usuario tiene que tener permiso de **Administrador** o de **Creador de curso.** En ese caso dispondrá de acceso a un bloque parecido al siguiente.

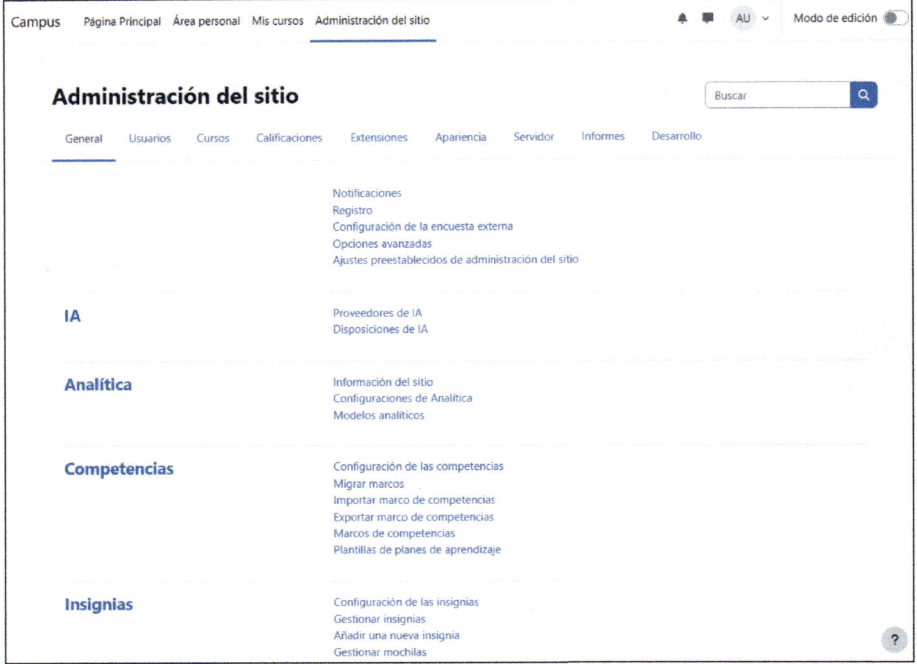

Bloque de Administración de Moodle

Los pasos para acceder a las **Opciones de creación de cursos** son:

1. Ir al **Bloque de Administración.**
2. Acceder a **Cursos.**
3. Seleccionar **Crear un nuevo curso.**

La página que aparecerá será parecida a la siguiente:

Página de Crear un nuevo curso

En esta página se muestran todas las categorías disponibles en el Campus Virtual. Una **categoría** es una especie de contenedor que puede contener dos tipos de elementos: cursos y otras categorías. Se puede ver a una categoría de la misma forma que se ve a una carpeta contenedora en *Windows*.

Al permitir la presencia de subcategorías, se puede establecer una estructura jerárquica en función a las necesidades. Ni que decir tiene que es importante que la categoría tenga un nombre significativo, puesto que, conforme vaya creciendo el Campus Virtual, se puede alcanzar un punto en el cual puede resultar difícil moverse a través de la jerarquía.

Actividades

1. Plantee una estructura jerárquica de dos niveles de categorías para contener tres cursos que se impartirán ininterrumpidamente durante dos años, los doce meses.

Si se observa detenidamente la imagen anterior, se pueden apreciar que estamos dentro de la *Category 1* que viene por defecto. Para irnos a la sección de categorías debemos ir a la **Administración** del sitio y clicar en **Administrar cursos y categorías.**

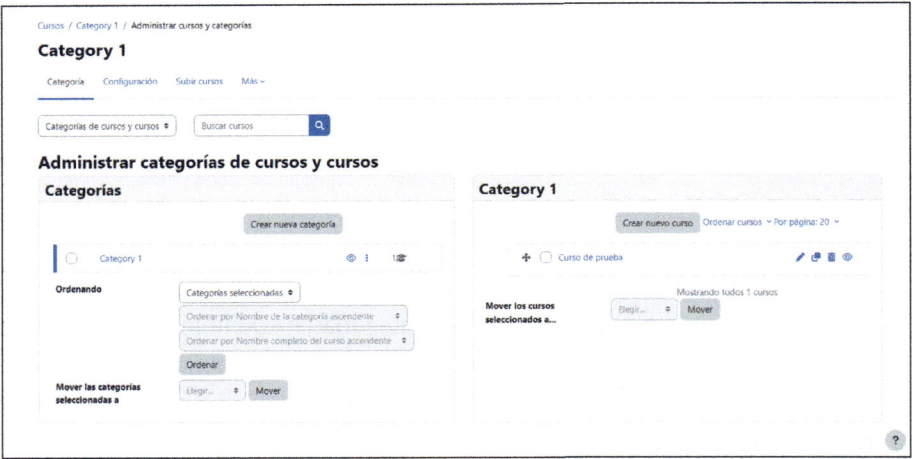

Categorías

Para la imagen propuesta se aprecia que la categoría *Category 1* únicamente tiene un curso, que es **Curso de prueba.**

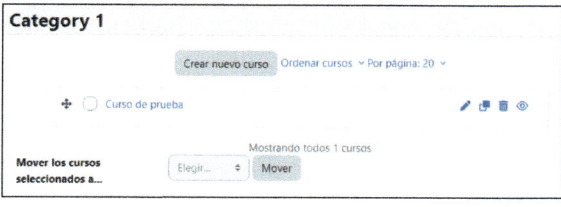

Cursos

Antes de continuar se describirán algunos iconos que han aparecido en imágenes anteriores. Muchos de estos iconos están presentes en otras partes de Moodle, de tal manera que tienen un significado global y no están única-mente asociados a categorías:

■ Este icono permite efectuar una serie de operaciones sobre la ca-tegoría o curso (borrado, edición...). Simplemente hay que hacer clic sobre él y aparecerá un desplegable con las opciones disponibles.

■ Permite el habilitado/deshabilitado del elemento que lo acompaña. Por ejemplo, se puede ocultar un elemento para que no esté visible de cara al alumnado, aunque el Profesor o Administrador lo tendrá disponible.

■ Indica el número de cursos contenidos en una categoría.

■ Permite la selección simultánea de varios elementos, permitiendo efectuar operaciones sobre los mismos.

■ Borra el elemento en cuestión al cual está vinculado el icono.

 Actividades

2. Plantee un supuesto en el que podría ser útil deshabilitar algún elemento de un curso, con el fin de no volverlo a mostrar. Desarrolle ahora un segundo supuesto en que si podría ser interesante volver a mostrar el elemento deshabilitado.

Una vez que los iconos más representativos han sido comentados, se abordará la creación de un nuevo curso. Para ello, simplemente, hay que hacer clic sobre **Crear nuevo curso.** En la ventana que aparecerá se pondrán elegir las opciones de configuración del nuevo curso.

Category 1

Categoría   Configuración   Subir cursos   Más ⌄

Crear un nuevo curso

Expandir todo

⌄ **General**

Nombre completo del curso

Nombre corto del curso

Categoría de cursos   × Category 1
Buscar ▼

Visibilidad del curso   Mostrar ⇕

Fecha de inicio del curso   11 ⇕   mayo ⇕   2025 ⇕   00 ⇕   00 ⇕   📅

Fecha de finalización del curso   ☑ Habilitar   11 ⇕   mayo ⇕   2026 ⇕   00 ⇕   00 ⇕   📅

Número ID del curso

Creación de nuevo curso #1 (Parámetros iniciales)

Los parámetros iniciales a definir son bastante descriptivos:

- **Nombre completo del curso:** el nombre completo que acompañará al curso.
- **Nombre corto del curso:** es una especie de identificador del curso. Debe ser único, ya que cada curso tendrá su propio nombre corto.
- **Categoría de cursos:** categoría en la cual se creará este nuevo curso. Por defecto será la categoría que se ha seleccionado antes de hacer clic en **Crear nuevo curso.**
- **Visibilidad del curso:** indica si el curso está visible u oculto.
- **Fecha de inicio del curso:** la fecha en la que el curso dará comienzo.

- **Fecha de finalización del curso:** la fecha en la que el curso dará por finalizado.
- **Número ID del curso:** este es un parámetro opcional, que se usa cuando se trabaja con bases de datos externas. Por norma general se deja en blanco.

La descripción ya fue contemplada en el capítulo inicial de este manual. Es un elemento recurrente en bastantes elementos de Moodle. Únicamente se apuntará un detalle nuevo, y que es una constante cuando se quieren desarrollar descripciones y otros campos de texto libre: el editor. El editor básico, tal y como está disponible inicialmente, se muestra en la siguiente imagen:

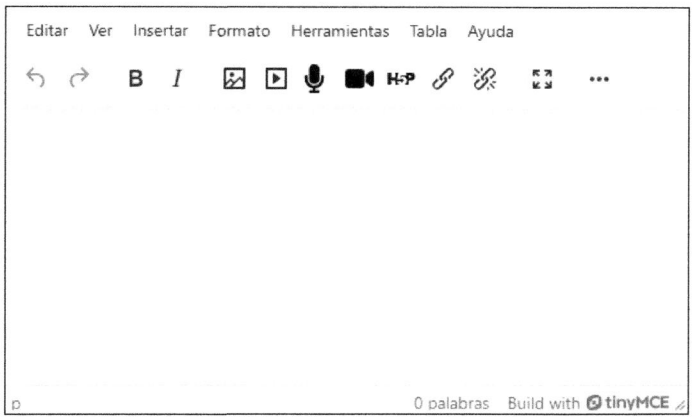

Editor básico con opciones por defecto

El editor nos ofrece varios apartados, enumerando de izquierda a derecha, son:

- **Editar:** nos permite acciones como copiar, pegar o deshacer.
- **Ver:** da la posibilidad de mostrar en el editor caracteres invisibles o código fuente.
- **Insertar:** nos da la posibilidad de inserta elementos como imágenes, audios, vídeos, etc.
- **Formato:** permite dar formato al texto, como usando negritas o cursiva.
- **Herramientas:** ofrece herramientas como contador de palabras o asistente de accesibilidad.

- **Tabla:** para manejar las tablas.
- **Ayuda:** nos ofrece ayuda sobre diversos temas.

Como ejemplo de lo anterior, se presentará una imagen que ha hecho uso de algunas de las características anteriormente comentadas:

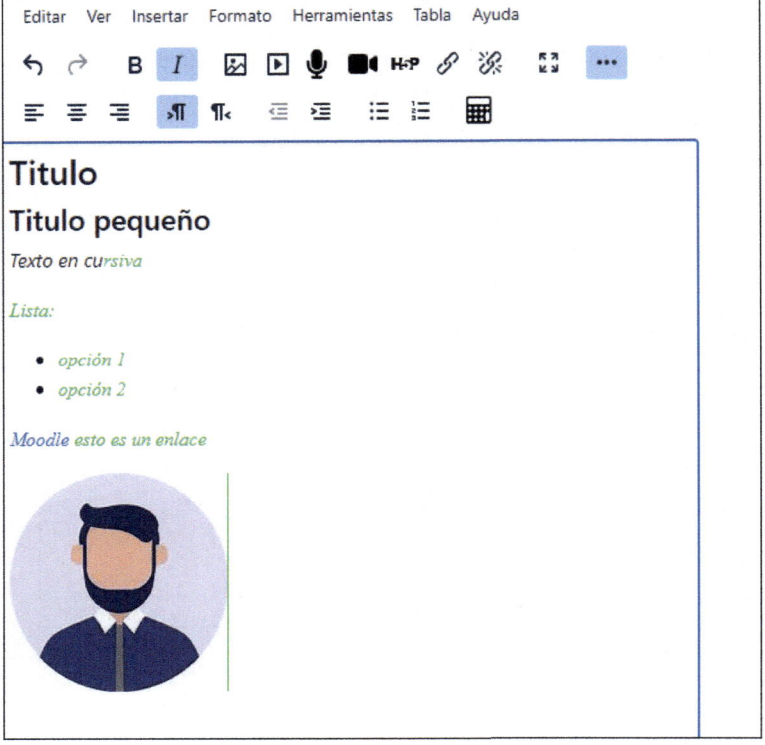

Descripción rellenada con ejemplos de formato

Recuerde

La descripción es un texto que acompaña al curso en la página principal del campus. Puede ser más o menos complejo, y presentar una estructura formateada que incluya encabezados, listas, código HTML, imágenes...

Uno de los botones más importante, quizás, sea el dedicado al editor HTML. Esto hará que todo lo introducido anteriormente se presente como código HTML, pudiendo ser editado "a mano". Es una posibilidad muy interesante si el usuario que esté llevando a cabo la edición conoce este lenguaje.

Código fuente   ✕

```
 1  <h3>Título </h3>
 2  <h4>Título pequeño </h4>
 3  <p><em>Texto en cu<span
 4      style="font-size: 12.0pt; font-family: 'Times New Roman',serif; mso-fareast-font-family: 'Times New Roman'; color: #0(
 5  </p>
 6  <p><em><span
 7      style="font-size: 12.0pt; font-family: 'Times New Roman',serif; mso-fareast-font-family: 'Times New Roman'; color: #0(
 8  </p>
 9  <ul>
10      <li><em><span
11          style="font-size: 12.0pt; font-family: 'Times New Roman',serif; mso-fareast-font-family: 'Times New Roman'; color: #
12          1</span></em></li>
13      <li><em><span
14          style="font-size: 12.0pt; font-family: 'Times New Roman',serif; mso-fareast-font-family: 'Times New Roman'; color: #
15          2</span></em></li>
16  </ul>
17  <p><em><span
18      style="font-size: 12.0pt; font-family: 'Times New Roman',serif; mso-fareast-font-family: 'Times New Roman'; color: #0(
19      href="https://moodle.org/?lang=es">Moodle</a> esto es un
20      enlace</span></em></p>
21  <p><em><span
22      style="font-size: 12.0pt; font-family: 'Times New Roman',serif; mso-fareast-font-family: 'Times New Roman'; color: #0(
23      class="img-fluid"
```

Cancelar   Guardar

Editor HTML

Actividades

3. Desarrolle de manera teórica una descripción para hablar de un curso sobre tutorización en Moodle. Piense en posibles recursos gráficos y enumerados.

Llegado a este punto, es momento de hablar sobre los diferentes **Formatos de Curso.** La elección del formato del curso está disponible justo después de la descripción. Se ilustra en la siguiente imagen.

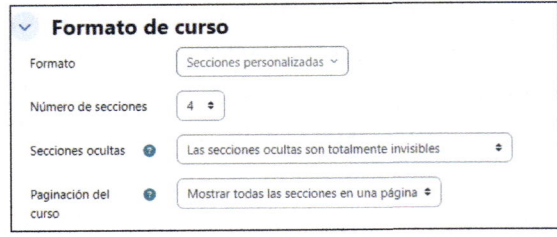

Creación de nuevo curso #2 (Formato)

Los diferentes formatos disponibles en Moodle son los siguientes:

- **Formato semanal:** el curso es organizado semana por semana. Moodle creará automáticamente una sección por cada una de las semanas que abarque el curso. Debido a la propia naturaleza de este formato, es necesario tener bastante clara la fecha de inicio y la fecha de fin del mismo. Este formato presentará la siguiente estructura.

Formato semanal de Curso

- **Formato social:** con este formato el curso se estructura en torno a un gran foro, que es listado en la página principal. Se puede ver como si cada uno de los temas se correspondiese con un post principal del foro.

Como ejemplo se propone el siguiente curso en **Formato social** con dos temas de discusión:

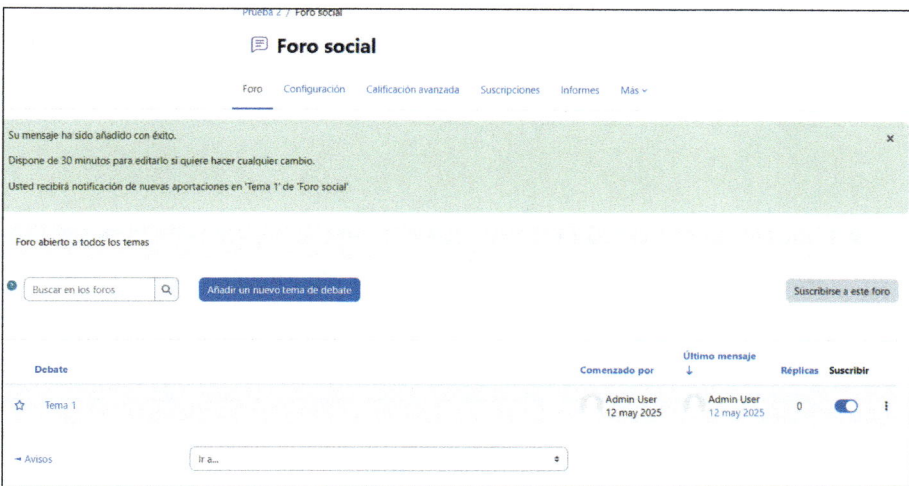

Formato social de Curso

- **Formato personalizado:** nos permite **crear las secciones** que deseemos en el curso del tipo que se requiera. También, podemos elegir el número de secciones que queramos:

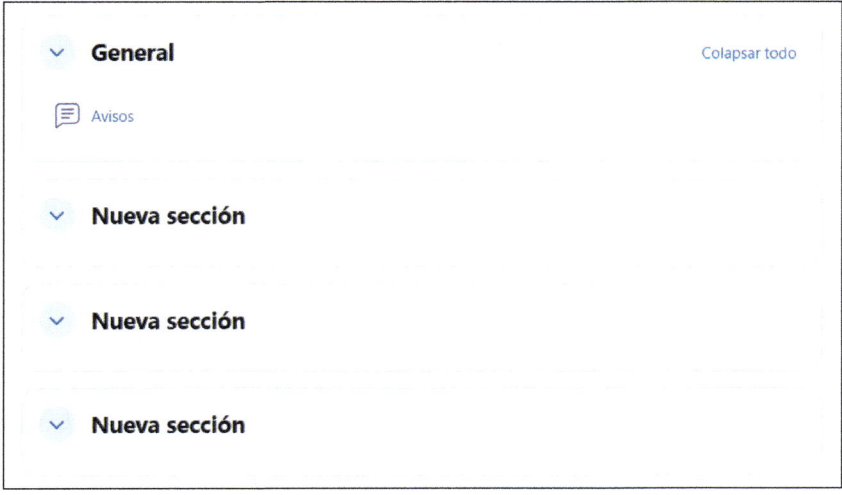

Formato personalizado de Curso

? Sabía que...

Aunque Moodle, en el **Formato personalizado,** asigne por defecto **Nueva sección** como nombre a cada una de las secciones, estos títulos pueden personalizarse.

- **Formato de actividad única:** el curso pivota sobre una única actividad, cuyo tipo es definido previamente en la configuración. A continuación se muestran las opciones de definición de esta actividad.

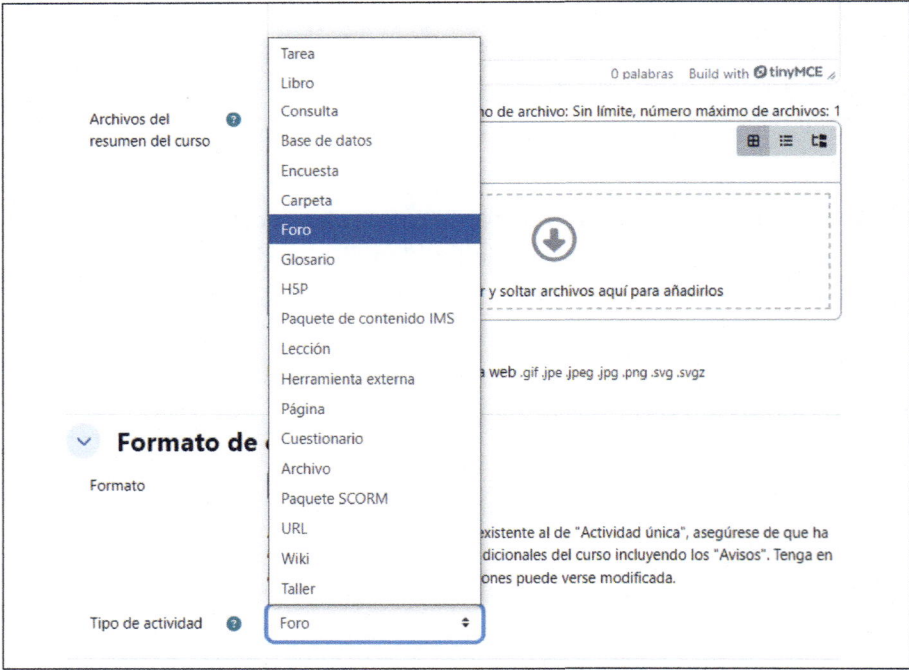

Definición de actividad para Formato de curso de actividad única

Suponiendo que se haya elegido **Cuestionario** como **Tipo de Actividad,** la pantalla principal del curso quedaría de la siguiente forma:

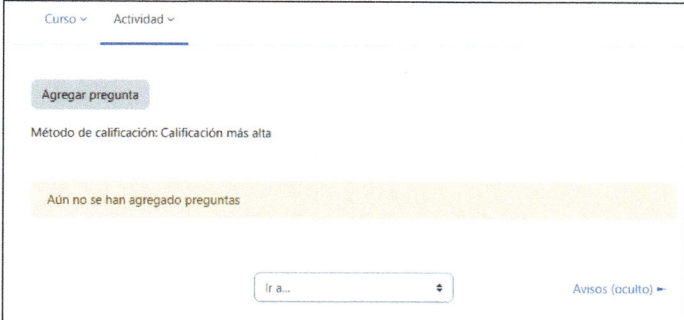

Curso con Formato de Actividad Única de tipo Cuestionario

Algunas actividades requieren de cierto tipo de configuración previa. Por ejemplo, en la actividad de tipo **Cuestionario** hay que tener alguna pregunta creada porque sino no se podrá realizar. Esto se tratará en apartados posteriores.

 Actividades

4. Ponga algún ejemplo de curso para cada uno de los cuatro formatos expuestos. Por ejemplo, para discutir una noticia puntual y establecer debate podría ser interesante el Formato Social.

2.3. Apariencia

En el apartado de **Apariencia** se configurarán elementos relacionados con la apariencia del curso. Las opciones disponibles serán parecidas a las que se muestran en la imagen:

Apariencia

Forzar idioma	No forzar
Número de anuncios	5
Mostrar libro de calificaciones a los estudiantes	Sí
Mostrar informes de actividad	No
Mostrar fechas de actividad	Sí

Opciones de Apariencia

A continuación se procederá a enumerar el significado de cada una de las opciones de **Apariencia** que se ofrecen al crear o editar los ajustes de un curso:

- **Forzar idioma:** permite forzar el idioma del curso. En caso que no se especifiqué se adoptará el idioma por defecto del Campus Virtual.
- **Número de anuncios:** este ajuste determina cuántos anuncios recientes aparecerán en el bloque de avisos recientes:

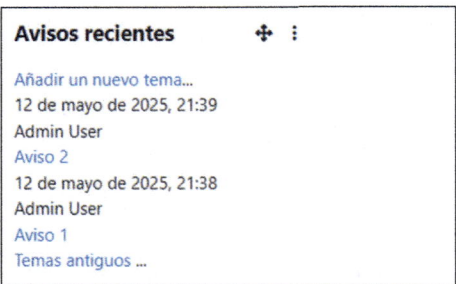

Bloque de Avisos recientes con 2 ítems

- **Mostrar libro de calificaciones a los estudiantes:** esta opción permite que los estudiantes tengan acceso a un informe de calificaciones, en el cual pueden ver todas las notas de las actividades evaluables de las que consta el curso. La opción que da paso a la ficha información se muestra en la siguiente imagen:

Acceso a Calificaciones

Y el informe resultado podría ser uno parecido al siguiente. Se recalca el hecho de que depende del número de actividades calificables de las que consta el curso.

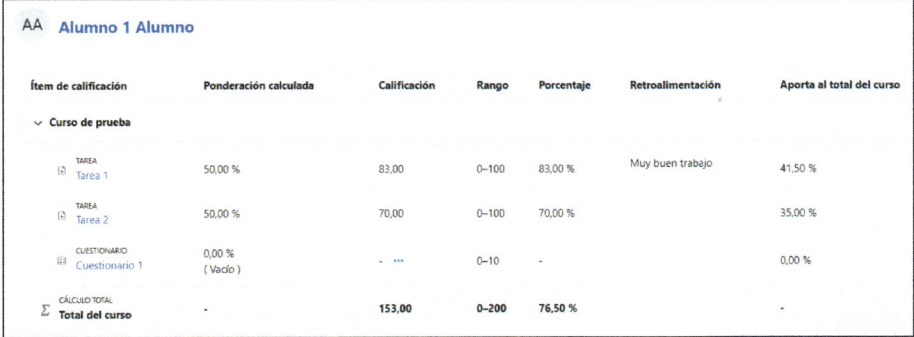

Informe de Calificaciones

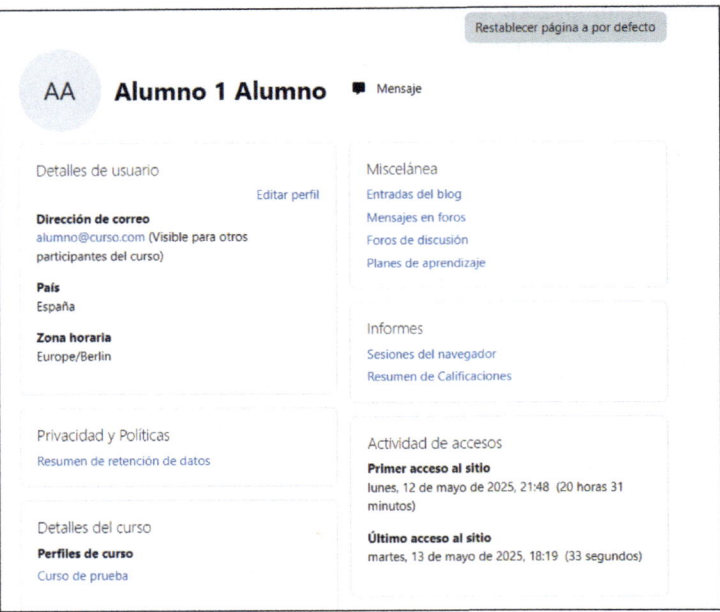

Acceso a Informes de Calificaciones

- **Mostrar informes de actividad:** habilita a los estudiantes para consultar sus informes de actividad. Una vez habilitada, dichos informes podrán consultarse desde la opción correspondiente. La secuencia a seguir para consultar dichos informes es:

1. Ir a **Perfil.**
2. Ir a la sección de **Informes.**
3. Seleccionar resumen de **Calificaciones.**

 Actividades

5. ¿Considera básico que un estudiante deba tener acceso a sus Informes de Actividad? ¿Es necesario en cualquier tipo de curso?

Los informes disponibles son variados, y según el tipo de información que necesiten procesar pueden ser exigentes para el servidor en el cual esté alojado el Campus Virtual. En la siguiente imagen se muestra un ejemplo resultante de seleccionar **Diagrama de informe:**

Actividad	Vistas	Entradas de blog relacionadas	Último acceso
📣 Announcements	2 visualizaciones por 1 usuarios	-	lunes, 12 de mayo de 2025, 21:39 (20 horas 47 minutos)
Sección de encuesta			
🗩 Encuesta de prueba	-	-	
Sección de Wiki			
✳ Wiki de prueba	-	-	
Actividad 1			
📄 Tarea 1	7 visualizaciones por 1 usuarios	-	martes, 13 de mayo de 2025, 18:10 (16 minutos 23 segundos)
Actividad 2			
📄 Tarea 2	6 visualizaciones por 1 usuarios	-	martes, 13 de mayo de 2025, 18:11 (15 minutos 25 segundos)
Actividad 3			
📋 Cuestionario 1	14 visualizaciones por 2 usuarios	-	martes, 13 de mayo de 2025, 18:23 (3 minutos 40 segundos)
Actividad 4			
🗨 Foro	2 visualizaciones por 1 usuarios	-	martes, 13 de mayo de 2025, 18:15 (11 minutos 20 segundos)

Diagrama de Informe

 ## Aplicación práctica

Se le presenta el encargo de crear un curso en Moodle, teniendo en cuenta las siguientes características:

I **El curso estará en una categoría llamada "Formación 2025". Dicha categoría deberá crearse dentro de Miscelánea.**
I **Los "Informes de actividad" y el "Libro de calificaciones" deben estar disponibles para el alumno.**
I **El curso se estructurará en temas, siendo 7 el número total de los mismos.**
I **El alumno podrá ver las cinco últimas noticias en el bloque correspondiente.**
I **El curso recibirá el nombre de "Curso de oratoria y relaciones sociales. Cómo convertirse en un triunfador". El nombre corto del mismo será "triunfador".**

Continúa en página siguiente >>

<< Viene de página anterior

SOLUCIÓN

El paso inicial es ir a **Administración del sitio,** y seleccionar la opción **Cursos** y, en el desplegable que se muestra, elegir **Administrar cursos y categorías.**

En la página de Gestión de cursos y Categorías se debe crear una nueva categoría, a través de la opción **Crear nueva categoría.** Se indica que la categoría padre que la contendrá sea **Miscelánea,** y se escribirá el nombre **Formación 2025.**

Una vez creada la categoría **Formación 2025,** se selecciona y se pulsa en **Crear nuevo curso.** Allí se introducirá el nombre largo y corto propuesto en el enunciado de esta aplicación práctica.

En **Formato de curso** hay que indicar que se quiere **Formato de temas,** y que el número de secciones serán 7.

En **Apariencia** se marcarán las opciones para **Mostrar libro de calificaciones a los estudiantes y Mostrar informes de actividad.** El número de **Ítems de noticias para ver** debe indicar 5.

El último paso será, dentro de la página principal del curso, agregar el bloque de **Últimas noticias.** Para ello, se hará uso de la opción **Agregar...** dentro del bloque **Agregar bloque...** Para que este bloque esté disponible, la edición tiene que estar activa a través de **Activar edición.**

2.4. Rastreos

Moodle contempla opciones de rastreo, que habilita al Profesor el poder realizar un seguimiento más exhaustivo sobre el progreso del alumno al permitirle controlar cuando una actividad ha sido realizada.

Hay que indicar que esta opción no está habilitada por defecto, lo cual debe de hacerse por parte del **Administrador** o por un usuario que tenga garantizados los permisos de administración.

Para habilitar el rastreo en el curso hay que seguir el siguiente proceso:

1. Entrar en el curso.
2. Ir al menú de **Configuración.**
3. Desplazarnos hasta rastreo de finalización.
4. Poner **Habilitar seguimiento del grado de finalización** a *Sí.*

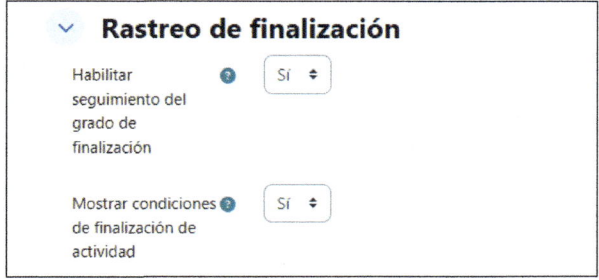

Habilitar rastreo del grado de finalización en el curso

Ahora que esta activado en el curso, debemos activarlo en cada actividad:

1. Desplazarnos hasta la actividad.
2. Pulsar en los tres puntitos de la derecha y hacer clic en editar ajustes.
3. Vamos a la sección de **Condiciones de finalización de actividad.**
4. Marcamos la opción **Los estudiantes deben marcar manualmente la actividad como completada.**

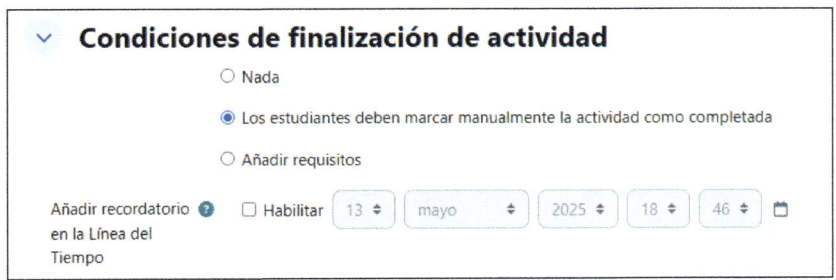

Habilitar rastreo del grado de finalización en la actividad

Recuerde

Después de habilitar la posibilidad de rastreo en el **Curso,** hay que activar la opción expresamente cada actividad.

Como se ha dicho anteriormente, el rastreo de finalización implica que las diferentes actividades se puedan marcar como completadas bajo según qué circunstancias. Por ejemplo, si se trata de una actividad de tipo Tarea, esta se puede considerar terminada cuando el usuario entregue dicha tarea para su corrección. O bien cuando el Profesor la califique y le asigne una nota numérica. Si se habla de una actividad de tipo Foro, la finalización se puede dar cuando el usuario participe en la misma. El número de diferentes posibilidades es enorme. En la siguiente imagen se muestran las opciones de finalización para una actividad de tipo Foro.

Condiciones de finalización de actividad

○ Nada

○ Los estudiantes deben marcar manualmente la actividad como completada

● Añadir requisitos

La actividad se completa cuando los estudiantes hacen lo siguiente:

☐ Ver la actividad

☐ Crear debates o réplicas

☐ Crear debates

☐ Enviar réplicas

☐ Recibir una calificación

| Añadir recordatorio en la Línea del Tiempo | ☐ Habilitar | 13 ⬦ | mayo ⬦ | 2025 ⬦ | 18 ⬦ | 48 ⬦ | 🗓 |

Opciones de Finalización de Actividad en una actividad de tipo Foro

Como se puede apreciar, es posible mostrar la actividad como completada según una o varias condiciones: **Ver actividad, Crear debates o Crear replicas.** También se puede indicar que no es necesaria ninguna condición, sino que sea el propio usuario quien tenga la posibilidad de marcar la actividad como completa.

Cada actividad que tenga opciones de finalización se mostrará con una especie de recuadro en la pantalla principal del curso.

Actividad 1 con condición de finalización

Cuando la actividad haya sido completada, en base al criterio (o criterios) fijados, el recuadro que la acompañará aparecerá marcado indicando gráficamente que la actividad está realizada.

Foro de novedades finalizado

 **Actividades**

6. Imagine un curso informativo sin ninguna actividad que requiera calificación. ¿Activaría en él el rastreo de finalización? Justifique su respuesta.

Una opción muy interesante, derivada de las opciones de **Finalización de Actividad,** es que el acceso a ciertas actividades depende de la finalización de actividades previas. Por ejemplo, se puede indicar que el acceso a la primera actividad de un tema depende de la finalización de la última actividad del tema anterior.

Esta opción, igual que la de **Rastreo de actividad,** no se encuentra activa inicialmente. Los pasos a seguir se desglosan en los siguientes puntos:

1. Ir a la opción **Administración del sitio.**
2. Seleccionar **Opciones avanzadas.**
3. Marcar **Habilitar restricciones de acceso.**

Habilitar restricciones de acceso enableavailability	☑ Valor por defecto: Sí
	Si está habilitado, las condiciones (basadas en la fecha, calificación, finalización, etc.) se pueden configurar para controlar si se puede acceder a una actividad o recurso.

Habilitar acceso condicional

Una vez activada esta opción, para cada actividad definida en el curso se podrá fijar una condición (o varias) de acceso. Como es lógico, se pueden definir en la pantalla de **Edición de Ajustes de la actividad,** mostrándose algo parecido a la siguiente imagen:

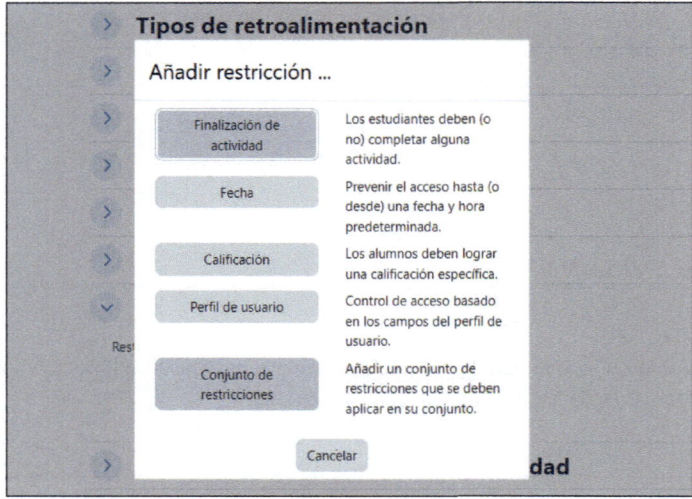

Restricciones de acceso

Las diferentes restricciones que se pueden definir son bastantes descriptivas por sí mismas:

- **Fecha:** fija una fecha hasta la cual (o desde la cual) el acceso a la actividad.
- **Finalización de actividad:** los estudiantes deben completar alguna actividad.
- **Calificación:** se debe obtener u na calificación en una actividad previa.
- **Perfil de usuario:** se permite el acceso (o no) si se dan ciertas condiciones relacionadas con el perfil de usuario. Por ejemplo, el nombre de usuario debe de coincidir con uno indicado.
- **Conjunto de restricciones:** básicamente es lo mismo que las anteriores, solo que las restricciones aquí definidas deben aplicarse en su conjunto.

Por ejemplo, si se quiere aplicar un conjunto de restricciones que indique que el nombre debe contener el apellido Granados y que la fecha sea superior al 22 de Noviembre del 2024, el proceso es el siguiente:

1. Hacer clic en **Conjunto de restricciones.**
2. Hace clic en el **Añadir restricción** y seleccionar **Fecha.**
3. Configurar la fecha como "desde" y "22 de Noviembre de 2024".
4. Volver a hacer clic en el **Añadir restricción** y seleccionar **Perfil de usuario.**
5. En campo de usuario elegir **Apellido,** y poner "Granados" como valor de campo.

Teniendo en cuenta lo anterior, la configuración de condiciones quedaría de la siguiente manera:

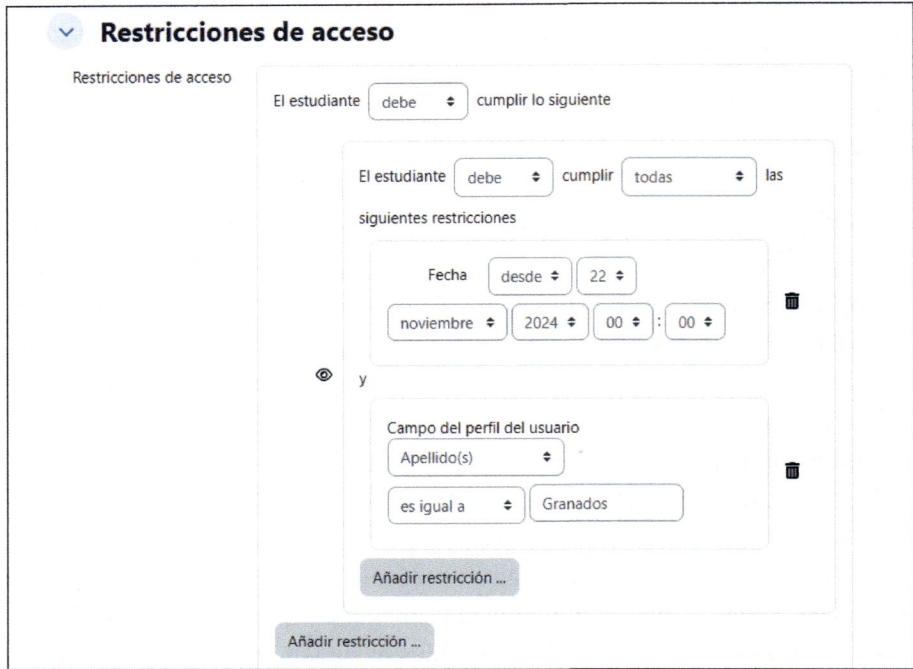

Configuración de las restricciones de acceso

Si ahora se accede a la página principal del curso, la información que mostrará la actividad será la siguiente. Por supuesto se parte que se está accediendo como Profesor del curso.

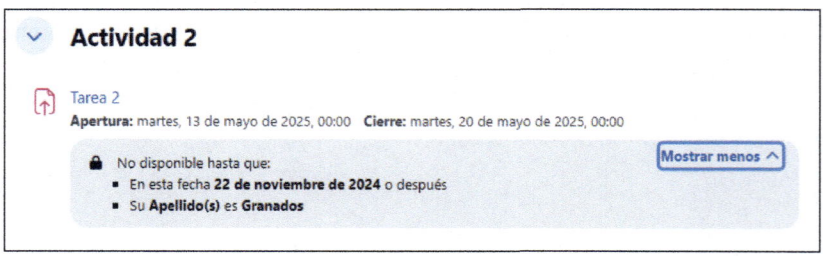

Vista de la actividad desde un usuario de tipo Profesor

Si ahora se pretende acceder con un usuario con el rol **Estudiante** que no cumpla con las condiciones anteriores (por ejemplo, un apellido diferente a Granados), la actividad mostrará un mensaje diferente:

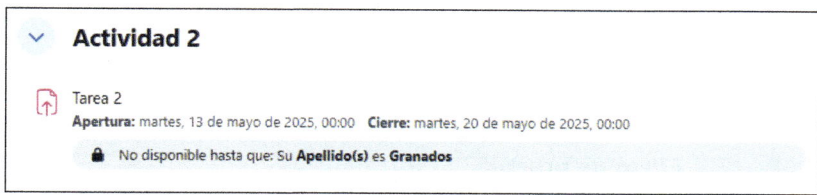

Acceso no permitido por restricción de acceso

2.5. Configuración de grupos

Para hablar de la configuración de grupos hay que empezar diciendo que es un **Grupo** en Moodle. Un **Grupo** es un agrupamiento que define un Profesor dentro de un curso o de una actividad en particular.

Las utilidades prácticas que se derivan de la definición anterior son variadas. Entre ellas se pueden enumerar las siguientes:

- **Estructurar un curso en varios niveles,** según el nivel de los estudiantes.
- **Compartir un curso con varios profesores,** teniendo cada uno de ellos asignado un curso.
- **Asignar actividades puntuales a unos usuarios** dentro de un mismo curso.

 Nota

El concepto de grupo aplicado a actividades se contemplará en el siguiente tema.

A nivel de curso, si se pretende crear grupos, hay que seguir el siguiente proceso:

1. Ir al curso.
2. Ir al **Bloque de Participantes.**

3. Seleccionar **Grupos.**

4. Seleccionar **Crear grupo** dentro de la nueva página que se muestra.

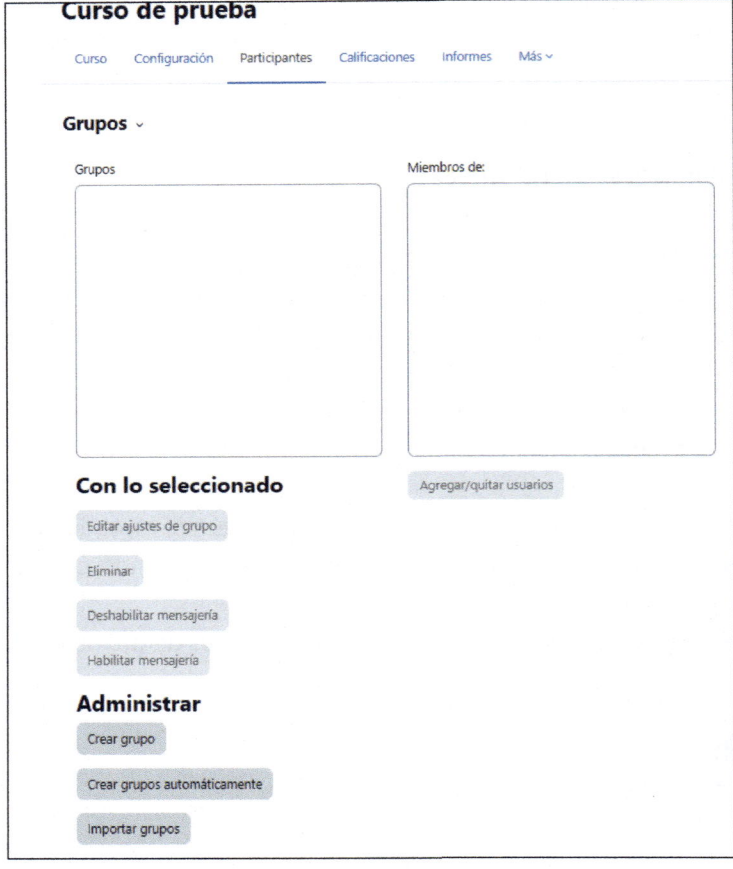

Página de Administración de grupos

En la imagen anterior aparecen dos bloques (inicialmente vacíos). En el de izquierda se mostrarán los grupos, y en el de la derecha los miembros del grupo que esté actualmente seleccionado. Para crear un grupo, simplemente, hay que hacer clic en **Crear grupo.** El formulario de creación de grupo que se mostrará será el siguiente:

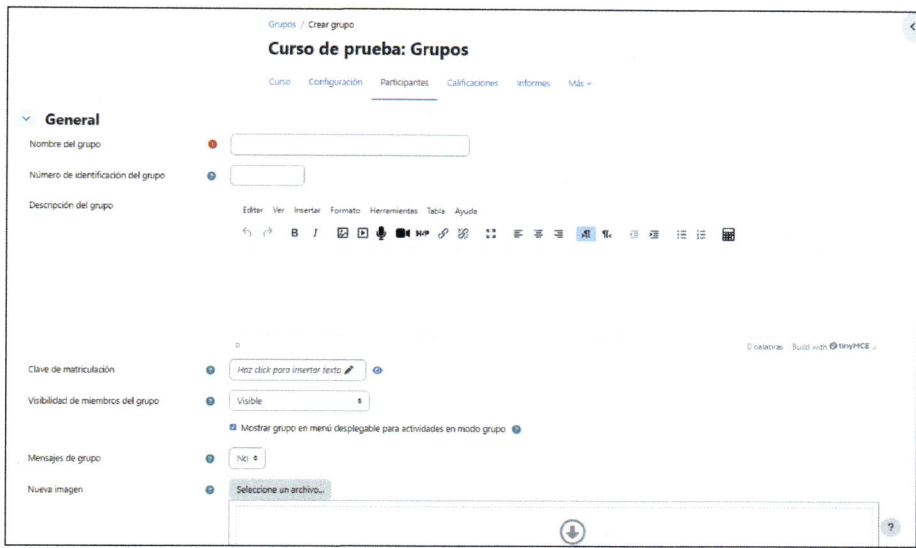

Formulario de creación de grupo

Los campos que se pueden introducir se enumeran a continuación. Los únicos obligatorios serán aquellos que presente un asterisco rojo en su nombre:

- **Nombre del grupo:** es el nombre que va a tener el grupo. Este campo es el único obligatorio.
- **Número de identificación del grupo:** es un identificador que se puede asignar al grupo, aunque solo se usará cuando se vayan a realizar operaciones con un sistema externo (por ejemplo, comparar con una base de datos externa).
- **Descripción del grupo:** campo libre que permite desarrollar la descripción del curso. Las posibilidades de edición son las clásicas del editor de Moodle, ya comentado anteriormente.
- **Clave de matriculación:** define una clave para que solo puedan entrar en el grupo aquellos que la conozcan.
- **Visibilidad de miembros del grupo:** permite configurar la visibilidad del grupo, como por ejemplo que solo sea visible para sus miembros.
- **Mensajes de grupo:** si se habilita, los miembros del grupo pueden enviarse mensajes.
- **Nueva imagen:** permite subir imágenes. Dichas imágenes se mostrarán junto con la descripción del grupo.

Suponiendo que, en función a lo anterior, se haya creado un grupo llamado **Grupo de prueba,** la página de **Gestión de grupos** aparecerá de la siguiente forma:

Curso de prueba

Curso   Configuración   Participantes   Calificaciones   Informes   Más ⌄

Grupos ⌄

Grupos

Grupo de prueba (0)

Miembros de: Grupo de prueba (0)

Con lo seleccionado

Editar ajustes de grupo

Eliminar

Deshabilitar mensajería

Habilitar mensajería

Agregar/quitar usuarios

Administrar

Crear grupo

Crear grupos automáticamente

Importar grupos

Gestión de grupos una vez creado el grupo de prueba

Para agregar usuarios, simplemente, hay que hacer clic en **Agregar/quitar usuarios.** Un detalle importante, que no se ha mencionado hasta ahora, es que para que un usuario pueda formar parte de un grupo creado en un curso, dicho usuario debe estar matriculado en el curso. En caso contrario no aparecerá en la lista de usuarios candidatos a ser agregados. Así que, partiendo del supuesto de que hay cuatro usuarios matriculados en el curso con el rol de **Estudiante,** la opción de **Agregar usuarios** mostrará una imagen parecida a la siguiente:

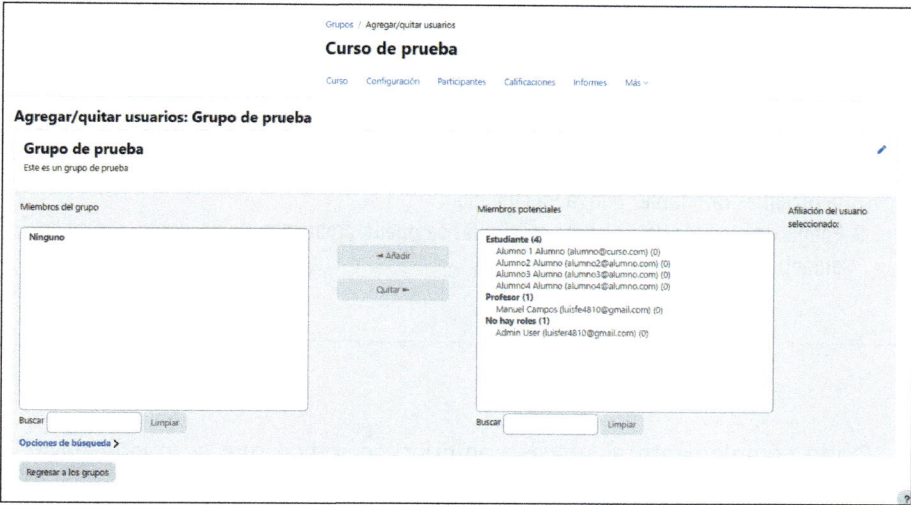

Agregar usuarios a un grupo

Lo único que quedaría es marcar los usuarios que se desean agregar al grupo, y hacer clic en el botón **Agregar.** Si se han marcado y agregado los cinco usuarios, el resultado sería:

Usuarios agregados al grupo

 **Actividades**

8. Moodle permite que un usuario pueda estar en más de un grupo. ¿Cree que esta consideración es razonable? Ponga un ejemplo.
9. Ponga un ejemplo de un curso en el cual se pueda crear más de un grupo, con fines didácticos.

Como complemento al proceso anterior, se indica que se puede llevar a cabo el proceso inverso. Simplemente se seleccionan los usuarios que formen parte de un grupo y se hace clic en el botón **Quitar.** Los usuarios quitados del grupo seguirán matriculados en el curso, pero ya no pertenecerán al mencionado grupo.

 Recuerde

Para agregar a un usuario a un grupo, este deberá estar matriculado en el curso que contiene al grupo. La eliminación de la membresía a un grupo no implica la desmatriculación del curso contenedor.

2.6. Gestión de roles

Inicialmente y, por norma general, cuando un usuario es dado de alta en un Campus Virtual no tiene ningún rol asociado (existe un concepto que es **Rol global,** ya mencionado previamente y no contemplado en este manual). El rol se establece al matricular al usuario en un curso de determinado. En ese momento es cuando se puede hablar de que un usuario es **Estudiante** o es **Profesor** (con o sin derechos de edición). La gestión de roles se realiza de manera muy sencilla en Moodle. Hay que seguir el siguiente proceso:

1. Ir al curso.
2. Ir al **Menú de Participantes.**
3. Ir a la **Columna de roles.**
4. Seleccionar el rol que deseemos para el usuario que queramos.

La página que aparece muestra a todos los usuarios matriculados en el curso, además de la opción de permitir realizar más matriculaciones.

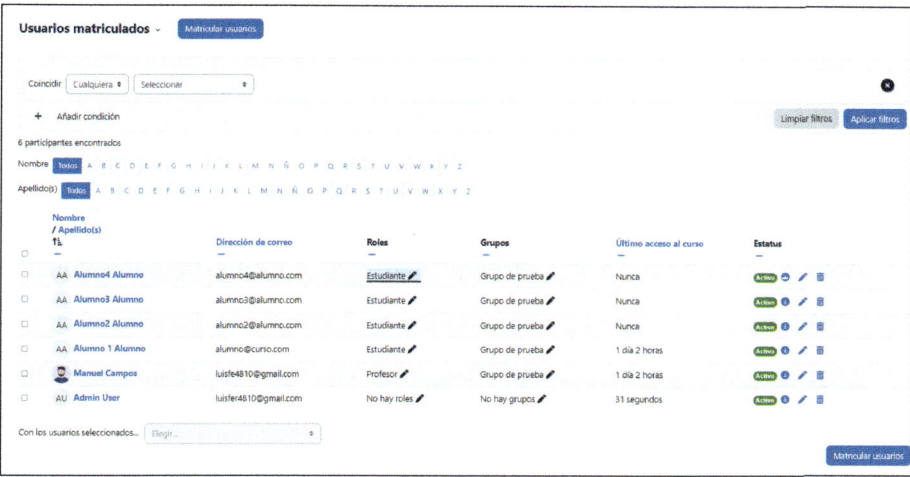

Usuarios matriculados en un curso

Aunque la matriculación de usuarios se contemplará en el tema siguiente, se indicarán ciertas ideas que se desprenden de la imagen anterior. Los campos que se muestran para cada uno de los usuarios son los siguientes:

- **Nombre/Apellidos/Dirección de correo:** nombre, apellidos y dirección de correos indicados en el perfil de usuario.
- **Último acceso al curso:** fecha de último acceso al curso.
- **Roles:** roles del usuario en el grupo. Puede tener asignado más de uno, pero esto no se recomienda puesto que puede haber solapamiento de permisos y comportamientos extraños, habiendo que estudiar cada caso en profundidad y, posiblemente, resultado más útil el utilizar asignación avanzada de roles en contextos diferentes del curso (algo no contemplado en este manual).

- **Grupos:** indica al grupo al que pertenece el usuario (si procede).
- **Estatus:** indica si el usuario está activo, el modo de matriculación y nos permite editar la matrícula y dar de baja.

 Actividades

10. Se ha dicho que el rol de un usuario queda definido por la manera en que esté matriculado en un curso. ¿Podría un mismo usuario ser alumno en un curso y profesor en otro? Razone la respuesta.

Sabiendo lo anterior, de la imagen propuesta se puede extraer la siguiente información:

- **Nombre/Apellidos/Dirección de correo:** Manuel/Campos/luisfe4810@gmail.com.
- **Último acceso al curso:** 1 día y 2 horas.
- **Roles:** profesor.
- **Grupos:** grupo de prueba.
- **Estatus:** activo y matriculación manual.

Si se pretende eliminar el rol de un usuario únicamente hay que hacer clic en la X que acompaña al rol.

Gestión de roles

Para agregar un rol, por el contrario, se debe utilizar el desplegable que aparece y seleccionar el nuevo rol que se le quiere asignar al usuario. Las opciones disponibles por defecto son las siguientes:

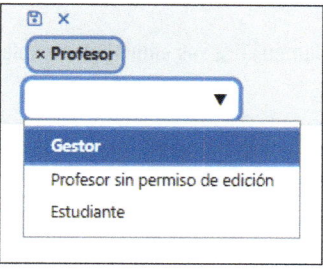

Asignación de roles

Recuerde

No se recomienda fijar más de un rol para un usuario en un curso, al menos cuando se trabaja a niveles básicos.

Aplicación práctica

Le encargan tutorizar un curso en un Moodle. Dicho curso presenta las siguientes características:

▪ **Consta de doce usuarios. Once de ellos (alumno1... alumno10, y profesor1) están matriculados como "Estudiante". Alumno11 está matriculado como "Profesor".**
▪ **Hay dos grupos creados: grupo1 y grupo2. Todos los usuarios están en el grupo2.**

Por un lado, se pretende asignar a profesor1 y alumno11 los roles correctos. Por otro, se quiere quitar a todos los usuarios de grupo2 y asignarnos a grupo1. Indique los pasos a seguir.

Continúa en página siguiente >>

<< Viene de página anterior

SOLUCIÓN

Se empezará por asignar los roles correctos. Para ello hay que ir a la página principal del curso, menú de participantes y editar los roles.

A los usuarios **profesor1 y alumno11** se les eliminará sus roles, haciendo clic en la X que los acompaña.

Después, con el desplegable, se les indicará el nuevo rol. "Profesor" para **profesor1**, y "Estudiante" para **alumno11**.

Ya solo quedaría situar a los usuarios en el grupo correcto. Para ir a la página de configuración de grupos hay que seguir la siguiente secuencia: sin salir de la pantalla donde estamos, en vez de elegir **Usuarios Matriculados**, hacemos clic en la flecha y elegimos **Grupos**.

En la situación propuesta habría dos grupos: **grupo1**, con ningún usuario, y **grupo2** con doce usuarios. Se haría clic en **grupo2** y, acto seguido, en **Agregar/quitar usuarios**. De esta forma se mostrarán todos sus usuarios en la siguiente página. Una vez mostrados, se seleccionarían y se haría clic en la opción **Quitar** para que abandonasen el grupo **grupo2**.

Para meter a los usuarios en el **grupo1** se repetiría prácticamente el mismo proceso, pero esta vez haciendo clic, primero, en **grupo1**, después en **Agregar/quitar usuarios** y, una vez seleccionados los doce usuarios, terminar haciendo clic en **Agregar**.

---

3. Configuración

Se puede considerar la configuración de un curso en Moodle como cualquier modificación posterior a la creación, o también cualquier añadido de actividad para que forme parte del curso. En los siguientes puntos se repasará la **Edición de Ajustes** del curso y **Secciones,** para posteriormente comentar en profundidad los paquetes SCORM, las **Tareas** y los **Cuestionarios.**

3.1. Aspectos generales del curso

En puntos anteriores se ha visto el proceso de creación de un curso. Durante este proceso se han definido aspectos básicos, como el número de temas, el nombre del curso, el formato...

Todo esto no es algo inamovible, ya que puede ser modificado una vez creado el curso. Prácticamente cualquier parámetro es modificable, así que no hay que preocuparse si se ha cometido algún error durante el proceso de creación o sí, por ejemplo, ha cambiado el número de temas. Se recuerda que, para realizar la edición de los ajustes generales del curso, había que seguir los siguientes pasos:

- Ir al curso.
- Ir al **Menú de Configuraciones.**

Página de Editar Configuración del curso

 **Actividades**

11. ¿Qué roles de usuario, de los conocidos, NO tienen, por defecto, permiso de edición en un curso?

3.2. Modo edición

El **Modo Edición** fue desarrollado en el primer capítulo de este manual, pero como va a jugar un papel importante en los siguientes apartados se volverá a recordar.

El **Modo Edición** puede activarse de dos maneras diferentes: la forma más rápida es haciendo clic en el siguiente botón.

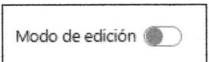

Dentro del **Modo Edición** se permiten editar cada una de las actividades que forman parte del curso, aparte de permitir también la edición de secciones y bloques.

Por otra parte, se vuelve a hacer hincapié en la circunstancia de que el **Modo Edición** solo puede ser activado si se es **Administrador** o **Profesor** con permisos de edición. Si se es **Profesor sin permisos de edición** no se podrá habilitar.

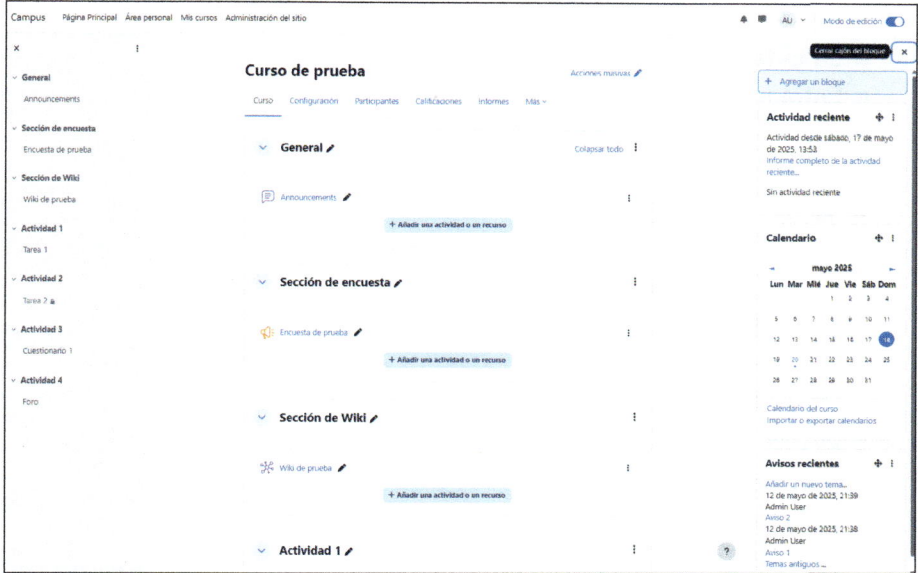

Ejemplo de curso con Modo Edición activado

3.3. Bloques

Los bloques más importantes de Moodle fueron desarrollados en el apartado **Entorno,** correspondiente al primer capítulo de este manual. Se vuelven a mencionar aquí ya que forman parte de la configuración del curso, al permitir dar un toque de personalización extra en función a las necesidades específicas del curso (por ejemplo, si se va a vincular un canal RSS se debería de añadir el bloque correspondiente).

La lista completa de bloques disponibles por defecto en Moodle es la siguiente:

- **Actividades**
- **Autocompletar**
- **Buscador de la comunidad**
- **Buscar en los foros**
- **Calendario**
- **Canal RSS remoto**
- **Comentarios**

- Cursos
- Entrada aleatoria de glosario
- Entradas de blog recientes
- Estatus de finalización del curso
- HTML
- Marcas
- Marcas Blog
- Marcas del administrador
- Menú Blog
- Mentees
- Mis últimas insignias
- Mis archivos privados
- Personas
- Resultados de la actividad
- Resumen del Curso/Sitio
- Usuario identificado

 Actividades

12. Los bloques más importantes fueron desarrollados en el tema anterior. Acceda a https://docs.moodle.org/all/es/Bloques para ver información sobre algunos de los bloques anteriores.

También se recuerda que para poder modificar bloques, colapsarlos y agregar nuevos es otra vez necesario activar el **Modo Edición.**

Recuerde

Haciendo uso de *plugins* (extensiones) se pueden agregar nuevos tipos de bloques no disponibles en la instalación por defecto de Moodle.

3.4. Actividades y recursos

Las actividades y recursos son, generalizando, los elementos que se ponen a disposición del alumno para que este lleve a cabo el proceso de aprendizaje, permitiendo llevar un seguimiento sobre ellas siempre que hayan sido correctamente configuradas. Existen muchos tipos diferentes de actividades y recursos, de las cuales se desarrollarán a continuación los paquetes SCORM, las Tareas, Cuestionarios y Foros.

Instalación de paquetes SCORM

SCORM son las siglas de *Sharable Content Object Reference Model.* Se trata de un estándar que consta de varias versiones, siendo la más popular la versión 1.2. La especificación SCORM fue creada por el Ministerio de Defensa de Estados Unidos.

Un paquete SCORM se presenta dentro de un paquete ZIP, conteniendo diversos archivos y recursos, los cuales definirán el contenido que será accesible por parte del usuario del campus. Un ejemplo de paquete SCORM es el siguiente:

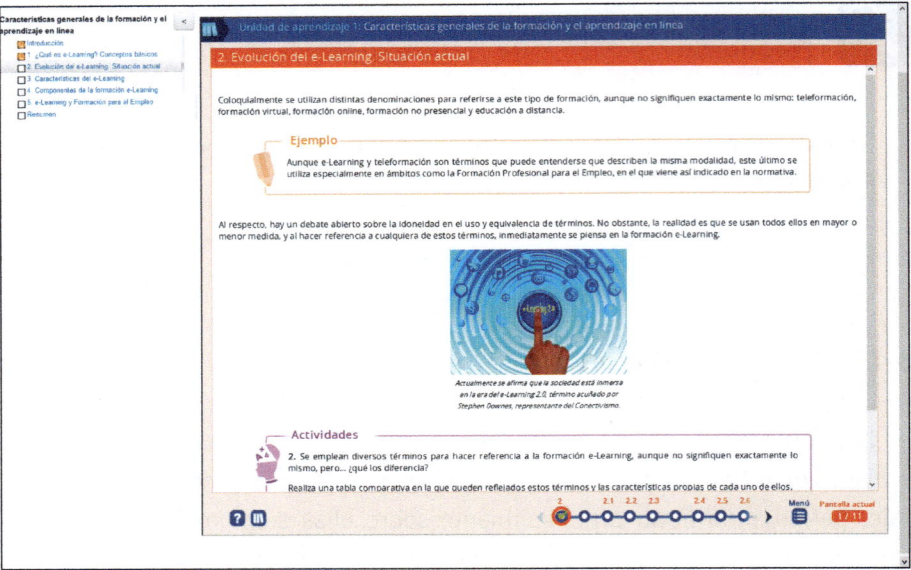

Ejemplo de paquete SCORM Multi-SCO

Un paquete SCORM puede tener varias apariencias. Algunos paquetes, como en el caso del mostrado en la imagen anterior, presentan un índice lateral que permite seleccionar que apartado se quiere mostrar en la parte derecha. Cada uno de los elementos seleccionables del índice, que despliegan un contenido, reciben el nombre de SCO (*Shareable Content Object*, u Objetos de Aprendizaje). Los paquetes SCORM que siguen este formato reciben el nombre de Multi-SCO.

Otros paquetes, por el contrario, no presentan índice puesto que solo tienen un apartado. En la siguiente imagen se muestra un ejemplo.

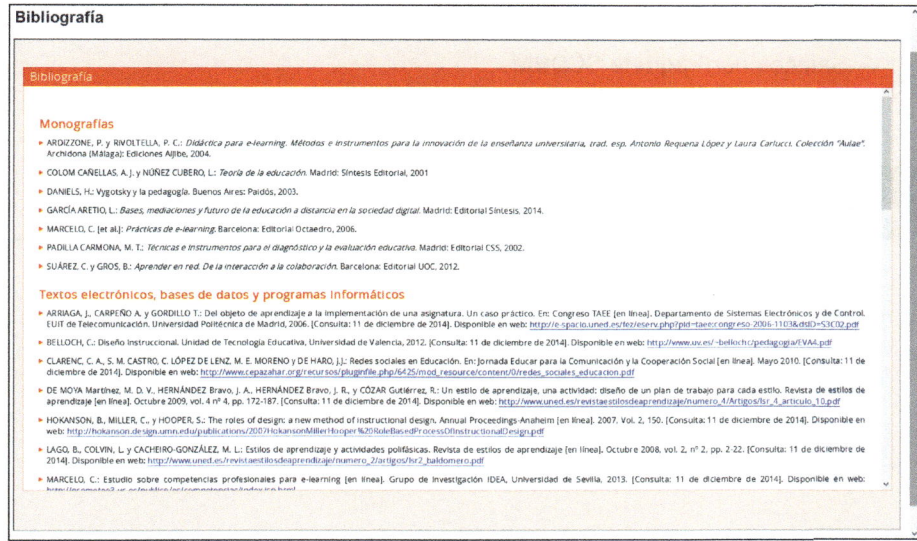

Ejemplo de paquete SCORM con un solo SCO

El contenido a mostrar también puede variar: puede ser contenido Flash, PDF, contenido HTML… incluso los niveles de interactividad cambian. Lo que se quiere decir con todo esto es que el contenido no sigue un formato definido. Lo importante es que la estructura del paquete respecte la especificación SCORM.

 Sabía que…

Aparte de la versión 1.2, existe la 1.1 (apenas usada ya), la 2004 y otra de muy reciente creación llamada Tin Can API.

Para añadir un contenido SCORM a Moodle hay que realizar los siguientes pasos:

1. Ir al curso.
2. Activar edición.

3. Hacer clic en **Añadir una actividad o un recurso.**

4. Seleccionar **Paquete SCORM.**

Recuerde

Los Objetos de Aprendizaje, o SCO, con cada uno de los elementos individuales que conforman el paquete SCORM. Se corresponden con cada uno de los componentes del índice de la izquierda que aparece en el visor SCORM.

Una vez hecho lo anterior aparecerá una página para configurar los aspectos básicos del paquete SCORM. A continuación se mostrarán las opciones más importantes:

- **General: Nombre y Descripción** del paquete SCORM. Es similar a lo visto en puntos anteriores. Lo más interesante es poder habilitar (o no) el mostrar la descripción en la página principal del curso.

Aspecto generales de un paquete SCORM

■ **Paquete:** aquí, básicamente, se agregará el paquete SCORM. Bastará con arrastrarlo y soltarlo encima del recuadro. Se recuerda que el paquete SCORM es un archivo de extensión ZIP, y hay que agregarlo tal cual. Es decir, no hay que descomprimir y extraer su contenido.

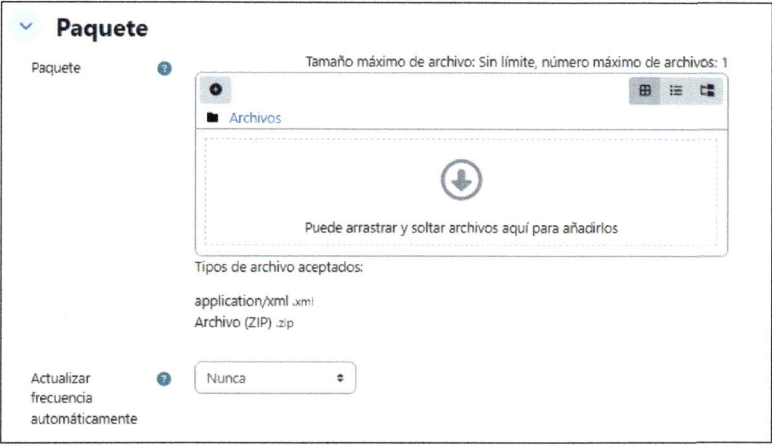

Indicación del archivo ZIP que contiene el paquete SCORM

■ **Apariencia:** en este apartado se configura la apariencia del paquete SCORM. Hay varias opciones avanzadas que se despliegan con la opción **Ver más,** pero simplemente se comentarán las más básicas:

■ **Mostrar paquete:** para indicar si el contenido se muestra en la ventana actual o en otra ventana del navegador.

■ **Mostrar estructura de contenido en la página de entrada:** la página de entrada es una página de lanzamiento previa al acceso al contenido SCORM. En dicha ventana se muestra información útil, y si se marca esta opción mostrará la estructura del paquete SCORM. Es decir, si el paquete SCORM tiene varios apartados (paquete Muti-SCO) se mostrarán aquí a modo de índice.

■ **Mostrar estado de intentos:** para un paquete SCORM se puede configurar el número de intentos. Si se desea mostrarlos hay que indicarlo en este punto.

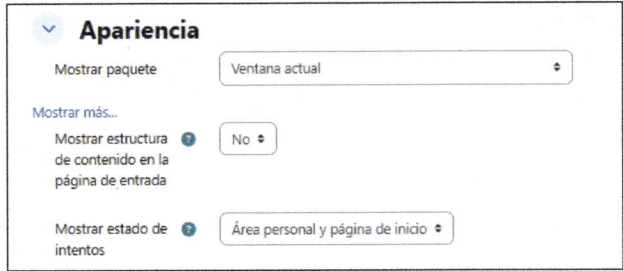

Configuración de apariencia del paquete SCORM

Actividades

13. ¿Cuáles son las ventajas de mostrar el paquete SCORM en una ventana diferente a la actual del campus?

Recuerde

Los SCORM que tienen varios apartados seleccionables a partir de un índice reciben el nombre de Multi-SCO.

- **Disponibilidad:** se indica la disponibilidad de un paquete SCORM, pudiéndose fijar tanto el límite superior como el límite inferior.

Configuración de disponibilidad de paquete SCORM

- **Gestión de intentos:** aquí se configura todo lo relativo a los intentos de los paquetes SCORM por parte del usuario. Puede resultar idóneo cuando, por ejemplo, se tenga una prueba definida dentro de un paquete SCORM y no se permita más de un intento. Los datos a configurar son los siguientes:

  - **Número de intentos:** número de intentos permitidos al usuario.
  - **Calificación de intentos:** criterio de elección del intento que califica al paquete SCORM. Puede ser el más alto, el primer intento, el último intento o el promedio de todos los intentos.
  - **Forzar nuevo intento:** cada visita al paquete SCORM contará como un nuevo intento.
  - **Bloquear después del último intento:** si se define un número de intentos, una vez agotados, no se podrá volver a abrir el paquete SCORM.

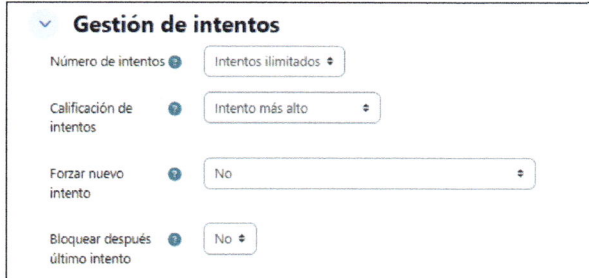

Configuración de calificación de paquete SCORM

Existe otra posibilidad de instalación de un paquete SCORM. Estando activo el **Modo Edición,** simplemente hay que arrastrar el archivo ZIP que contiene el paquete SCORM y soltarlo dentro de una sección del curso. Aparecerán las siguientes opciones:

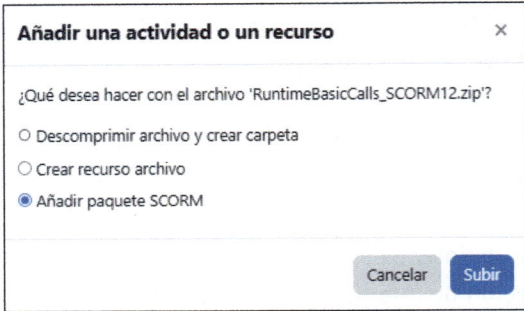

Creación de paquete SCORM arrastrando el archivo ZIP

Se seleccionará **Añadir paquete SCORM** y se hará clic el subir. Con esto se creará una nueva actividad de tipo **Paquete SCORM,** debiendo de ser configurada considerando las opciones previamente comentadas.

 Recuerde

Una actividad de tipo paquete SCORM puede crearse de dos maneras diferentes: mediante el enlace "Añadir una actividad o un recurso", o arrastrando el archivo ZIP que conforma el paquete SCORM y soltándolo sobre el curso.

 Actividades

14. Si tuviese que instalar un paquete SCORM, cerciorándose de que las opciones de configuración están correctamente definidas, ¿cuál de los dos métodos de instalación elegiría?

Tareas

Una actividad de tipo **Tarea** es, básicamente, un ejercicio que debe ser entregado al profesor para su posterior calificación. Esta calificación es subjetiva, ya que requiere la revisión por parte del tutor para decidir una nota numérica. Este tipo de actividad es ideal para preguntas de tipo desarrollo, por ejemplo. También resultan idóneas cuando se requiere de algún documento adjunto por parte del estudiante.

Como al igual que cualquier tipo de actividad en Moodle, hay que llevar una labor previa de configuración antes de que la actividad esté completamente integrada en el curso. Para crear una actividad de tipo Tarea hay que hacer lo siguiente:

1. Ir al curso.
2. **Activar edición.**
3. Hacer clic en **Añadir una actividad o un recurso.**
4. Seleccionar **Tarea.**

Una vez hecho lo anterior aparecerá la típica página para configurar los parámetros de la nueva tarea. Las opciones más importantes se detallan a continuación:

■ **General: Nombre y Descripción** de la tarea. Igual a lo contemplado previamente. Se puede habilitar (o no) el mostrar la descripción en la página principal del curso, y también se permiten añadir archivos adicionales para completar la descripción de la tarea (esto puede ser de utilidad si se quieren acompañar plantillas de respuesta, por ejemplo). También, se pueden añadir instrucciones a la actividad.

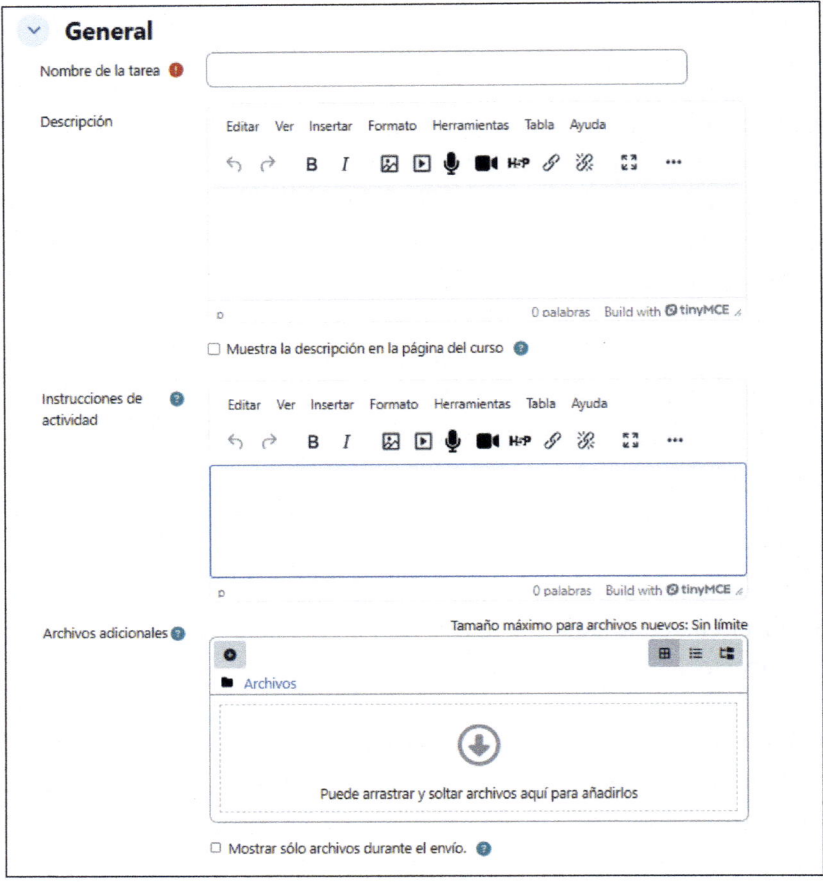

Configuración de opciones generales de la tarea

■ **Disponibilidad:** aquí se configura todo lo relacionado con las fechas asociadas a la tarea. Desde la apertura para permitir entregas por parte de
los estudiantes hasta la fecha de entrega, pasando por la fecha límite.
También se puede elegir si estos datos se deben mostrar en la descripción de la tarea. Las entregas que superen la fecha de entrega serán
marcadas como "retrasada", y las que se pasen de la fecha límite (si
existe) no serán aceptadas. También, permite establecer un recordatorio
para calificar.

Configuración de disponibilidad de la tarea

- **Tipos de entrega:** en estas opciones se realizan las especificaciones más importantes de la actividad:

    - **Tipo de entrega:** indica si la tarea se responde usando un texto en línea (el típico campo de respuesta libre), o bien hay que adjuntar algún documento. En caso de que se necesiten ambas, las dos opciones pueden estar activas.
    - **Límite de palabras:** en el caso de que se permita **Texto en línea,** se pueden especificar el límite de palabras a responder por parte del participante.
    - **Número máximo de archivos subidos:** se permite especificar el número máximo de archivos que puede adjuntar el participante, en el caso de que **Archivos enviados** esté activo.
    - **Tamaño máximo de la entrega:** indica el tamaño máximo de los archivos que se pueden subir.

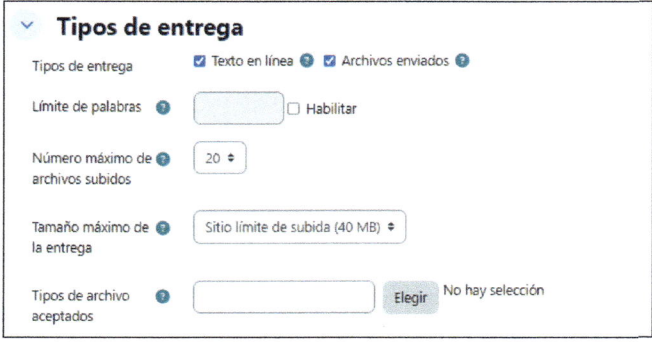

Configuración de tipos de entrega

- **Tipos de archivos aceptados:** permite introducir una lista de extensiones de archivos aceptados para la tarea.
- **Tipos de retroalimentación:** define la forma en que el profesor proporcionará retroalimentación al estudiante sobre la respuesta a la tarea correspondiente. La opción por defecto es **Comentarios de retroalimentación,** aunque también se puede usar una hoja de cálculo externa o subir la retroalimentación en un archivos. La opción **Comentario en línea** permite copiar la respuesta del usuario dentro del Comentario de retroalimentación, ofreciendo la posibilidad de editar dicha respuesta usando una fuente con un color diferente.

Configuración de tipos de retroalimentación

- **Configuración de entrega:** configuración de parámetros relativos a la entrega y a los intentos.

  - **Requiere que los alumnos pulsen el botón de envío:** los estudiantes tienen que pulsar sobre un botón antes de efectuar la entrega indicando que esta es su respuesta definitiva.
  - **Es necesario que los estudiantes acepten las condiciones de entrega:** los estudiantes tienen que aceptar las condiciones de entrega antes de efectuar la misma.
  - **Intentos permitidos:** establece el número máximo de envíos que puede realizar un estudiante.

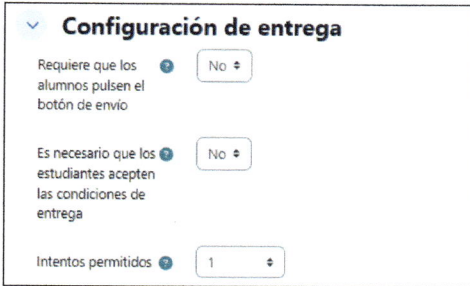

- **Avisos:** indican los avisos, relacionados con la tarea, que serán enviados:

  - **Enviar aviso de entregas a los evaluadores:** el profesor del curso recibirán un aviso cuando un estudiante haya enviado una entrega para su calificación.
  - **Enviar aviso de entregas fuera de plazo a los evaluadores:** el profesor recibe un aviso cuando se manda una entrega fuera de tiempo.
  - **Valor por defecto para 'Notificar a los estudiantes':** notifica a los estudiantes cuando se les evalúa.

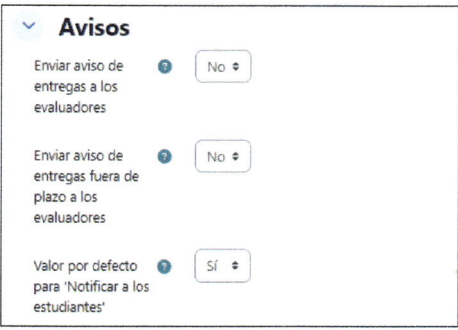

Avisos

Aplicación práctica

Durante el curso que usted está tutorizando, observa la necesidad de crear una tarea en la cual el estudiante deba desarrollar en un documento Word un texto y adjuntar una imagen, debiendo entregar ambos. Se especificará una fecha inicial de entrega, y el estudiante puede hacer todas las entregas necesarias hasta que reciba una calificación positiva. También se permitirá escribir texto en línea, para acompañar a la entrega. Indique como crearía la tarea.

SOLUCIÓN

Se empezará por agregar la nueva actividad al curso. Para ello hay que habilitar la edición, mediante **Modo edición.** Acto seguido se hará clic en **Añadir una actividad o un recurso,** y se seleccionará **Tarea.**

En **General** se completará el **Nombre de la tarea** y la **Descripción** con los datos que correspondan.

En **Disponibilidad** se indicará la fecha inicial a través de **Permitir entregas desde.**

En **Tipos de entrega,** dentro de **Número máximo de archivos subidos,** hay que indicar 2. También hay que asegurarse de que las opciones **Texto en línea y Archivos enviados** estén activados.

En **Configuración de entrega** se especificará, dentro de **Permitir reapertura,** la opción **Automática hasta aprobar.**

 Recuerde

Las actividades de tipo Tarea son ideales para que el cuestionario responda a preguntas de tipo desarrollo, o bien sea necesario adjuntar algún documento para la posterior calificación.

Cuestionarios

Un cuestionario es un tipo de actividad que se corrige automáticamente, en base a las respuestas correctas ya facilitadas durante su creación. De nuevo hay que establecer una configuración previa y, sobre todo, definir las preguntas asociadas. Para crear una actividad de tipo **Cuestionario** hay que hacer lo siguiente:

1. Ir al curso.
2. Activar **Modo edición.**
3. Hacer clic en **Añadir una actividad o un recurso.**
4. Seleccionar **Cuestionario.**

Una vez hecho lo anterior aparecerán las opciones de configuración. Como viene siendo habitual, se detallarán las más importantes:

- **General: Nombre y Descripción** del cuestionario. También se puede indicar que se muestre la descripción en la página principal del curso.

Configuración de opciones generales del cuestionario

- **Temporalización:** detalles relativos a las fechas de apertura y cierre del cuestionario, y al tiempo permitido para realizar el mismo:

  - **Abrir cuestionario:** fecha a partir de la cual el cuestionario estará disponible.

▪ **Cerrar cuestionario:** fecha desde la cual no se podrá realizar el cuestionario.

▪ **Límite de tiempo:** el tiempo que se permite para responder el cuestionario.

▪ **Cuando el tiempo ha terminado:** acción que se realizará si ha terminado el límite de tiempo fijado anteriormente. Por defecto se realiza el envío de las respuestas automáticamente. También se puede indicar un periodo de gracia para enviar el cuestionario (aunque no se permiten responder más preguntas durante el mismo). La última opción es considerar que el envío de respuestas deba realizarse antes de que el tiempo termine, ya que en caso contrario no se contabilizará.

▪ **Período de gracia para el envío:** es el tiempo de gracia que se permite para realizar el envío. Se tendrá en cuenta si dicha acción se indica en el punto anterior.

Configuración de temporalización del cuestionario

■ **Esquema:** opciones relacionadas con el orden, navegabilidad y disposición de las preguntas del cuestionario:

▪ **Orden de las preguntas:** el orden que presentarán las preguntas del cuestionario. Podrá ser el definido durante la edición de las preguntas o un orden al azar.

▪ **Página nueva:** indica si cada pregunta va en una página nueva. También se puede establecer una nueva página cada X preguntas, o bien que todas vayan en la misma.

■ **Modo de navegación:** se indica si se permite la navegación libre por parte del usuario (volver a páginas previas, saltar hacia delante...), o bien si su actividad en el cuestionario debe seguir un orden secuencial.

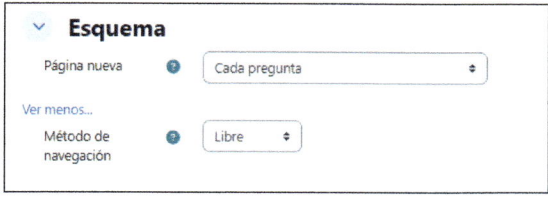

Configuración de esquema del cuestionario

■ **Comportamiento de las preguntas:** opciones relacionadas con el orden de las respuestas y el comportamiento derivado de la respuesta por parte del usuario:

■ **Ordenar al azar las respuestas:** ordena las respuestas al azar. Solo es aplicable a preguntas con elementos múltiples (como preguntas de elección múltiple o de emparejamiento).

■ **Comportamiento de las preguntas:** indica cómo reaccionará el cuestionario a las respuestas del usuario. La opción por defecto es **Retroalimentación diferida,** y es la que mejor se suele adaptar a todas las situaciones. Implica que el usuario no recibirá ningún *feedback* hasta que complete todo el cuestionario. Por otra parte, hay bastantes más opciones, como por ejemplo permitir que se reciba un *feedback* inmediato y se permita responder de nuevo la pregunta.

■ **Cada intento se basa en el anterior:** si se permiten varios intentos (lo cual ha tenido que ser especificado en el punto anterior), cada nuevo intento mostrará la respuesta seleccionado en el intento inmediatamente anterior.

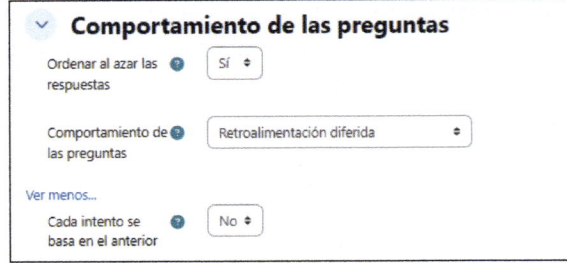

Configuración de comportamiento de las preguntas del cuestionario

Una vez configurados los parámetros del cuestionario, la actividad aparecerá en la página principal del curso. Sin embargo, una vez se hace clic en ella, se mostrará un mensaje parecido a este:

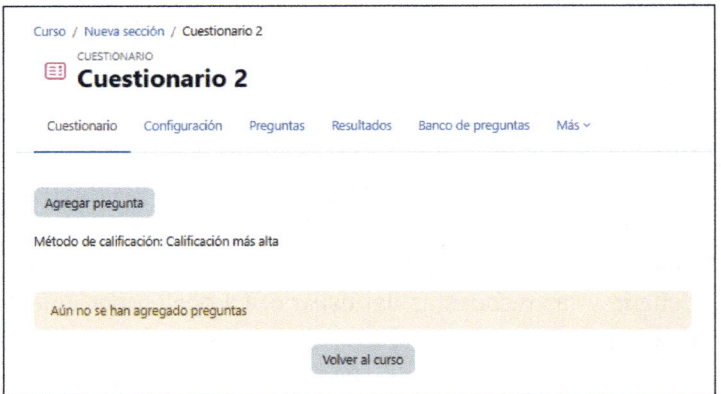

Acceso al cuestionario

 Actividades

15. ¿Qué se deduce de la imagen anterior?

Como bien se comentó antes, una cosa es la actividad de tipo **Cuestionario,** y otra con las preguntas que debe contener. Si se crea un cuestionario hay que añadir preguntas, ya que de otra forma la actividad no tendrá ningún sentido. La forma más rápida de añadir cuestiones es haciendo clic en la opción **Agregar pregunta.** Esta opción lleva a una página en la cual aparecen todas las preguntas asociadas al cuestionario sobre el que se está trabajando. Como se puede ver en la siguiente imagen, no hay ninguna pregunta disponible:

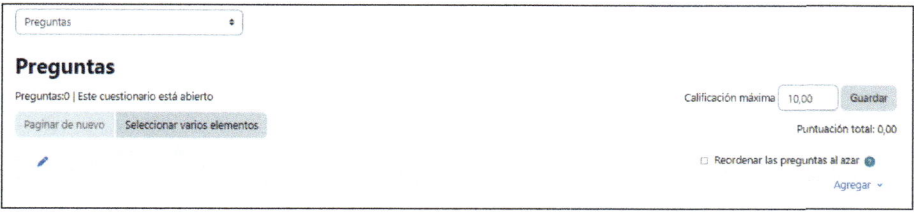

Edición de cuestionario

 Sabía que...

"Editar cuestionario" también se encuentra disponible en el "Bloque de administración", en un punto llamado "Administración del cuestionario".

Para agregar preguntas, simplemente hay que hacer clic en **Agregar** y seleccionar **una nueva pregunta** en el menú desplegable que aparecerá. A continuación se mostrará una ventana flotante para seleccionar el tipo de pregunta que se quiere agregar:

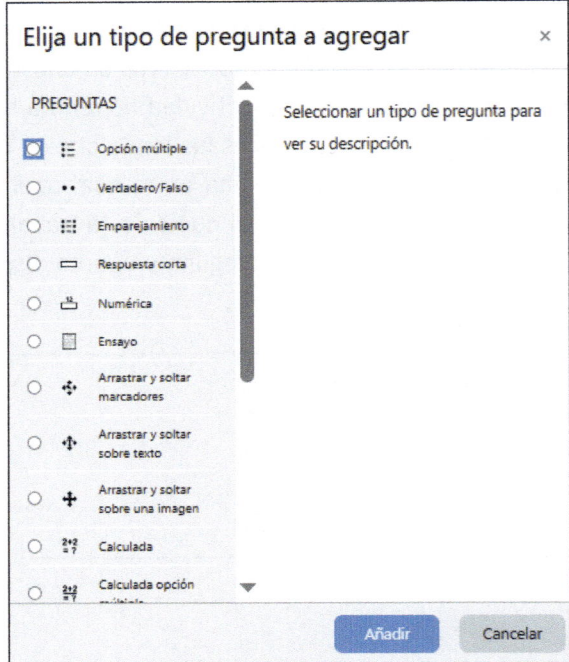

Tipos de preguntas

Los tipos de preguntas posibles son los siguientes:

- **Calculada, Calculada simple y Calcula opción múltiple:** permite definir preguntas numéricas haciendo uso de comodines. Por ejemplo, se puede definir una fórmula que sea ancho por alto para una pregunta del tipo "Calcula la superficie de…". Los valores que aparecerán en la pregunta serán aleatorios, procedentes de un conjunto de posibles valores definidos previamente.
- **Emparejamiento:** se definen una serie de preguntas y una serie de respuestas. Hay que emparejar cada pregunta con la respuesta correcta.
- **Emparejamiento aleatorio:** lo mismo que el anterior, pero se crea a partir de respuestas cortas definidas previamente.
- **Ensayo:** pregunta que permite una respuesta en unas pocas líneas. Se debe de calificar manualmente por parte del profesor.
- **Numérica:** permite definir respuestas numéricas, posibilitando la inclusión de márgenes de error (por ejemplo, si la respuesta es 10 y se indica un margen de error de 1, se permite 9 como respuesta correcta).

- **Opción múltiple:** preguntas de tipo test, con una o varias respuestas correctas según se defina.
- **Respuesta corta:** preguntas de tipo rellenar, facilitando la lista de respuestas correctas.
- **Respuestas anidadas (Cloze):** combinación de preguntas de tipo opción múltiple, respuesta corta y numérica.
- **Verdadero-falso:** pregunta de tipo verdadero-falso.
- **Elige la palabra perdida:** las palabras que faltan en el texto de la pregunta se completan mediante menús desplegables.

 Actividades

16. Ponga un ejemplo de preguntas de los siguientes tipos: opción múltiple, respuesta corta, verdadero-falso y numérica.
17. ¿A qué tipo de actividad, vista previamente, puede recordar el tipo de pregunta Ensayo?

Una vez presentadas los tipos de preguntas posibles, se procederá al desarrollo de un cuestionario usando cuatro de los tipos más clásicos:

- **Opción múltiple:** clic en **Agregar** y seleccionar **Opción múltiple:**

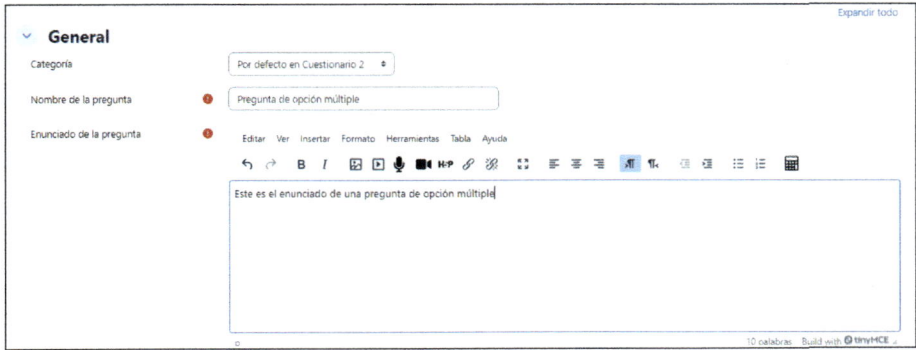

Enunciado para pregunta de opción múltiple

En las opciones **General** hay que rellenar el nombre de la pregunta y el enunciado de la pregunta. La categoría se comentará posteriormente, pero básicamente es el contenedor donde estará la pregunta almacenada, independientemente de que cuestionario la use.

Lo siguiente a completar son las respuestas. Se usarán tres respuestas genéricas, indicando que la correcta es la B. Para ello hay que poner que la calificación de esta respuesta es 100 %. Las otras dos se dejan como **Ninguno.**

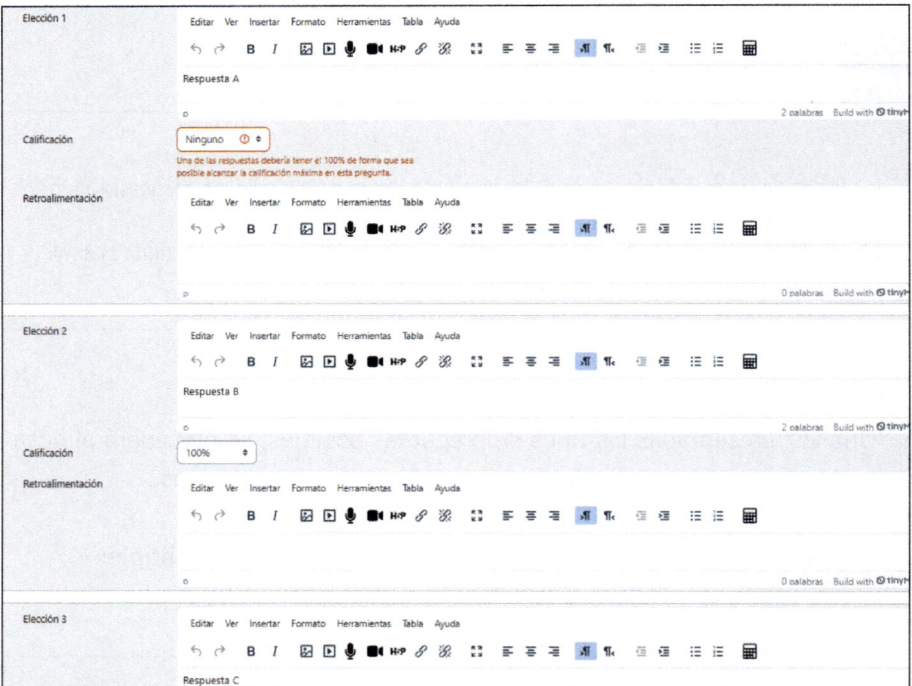

Respuestas para pregunta de opción múltiple

- **Respuesta corta:** clic en **Agregar** y seleccionar **Respuesta corta.**

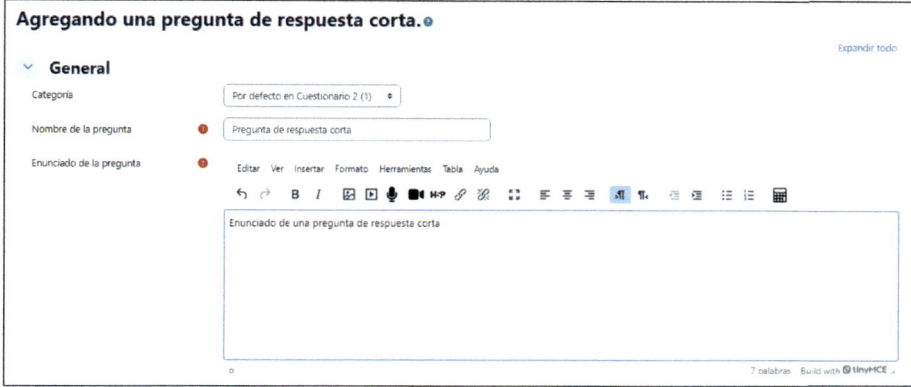

Enunciado para pregunta de respuesta corta

En las opciones **General** se rellenará el nombre de la pregunta y el enunciado de la misma. En las respuestas se indicarán las respuestas que son permitidas, indicando 100 % para que dicha respuesta sea considerada correcta.

Respuestas para pregunta de respuesta corta

- **Verdadero-falso:** clic en **Agregar** y seleccionar **verdadero-falso.**

Enunciado y tipo de respuesta para pregunta de respuesta corta

En las opciones **General** se rellenará el nombre de la pregunta y el enunciado de la pregunta. En **Respuesta correcta** hay que indicar si la pregunta planteada es correcta o incorrecta.

- **Numérica:** clic en **Agregar** y seleccionar **Numérica.**

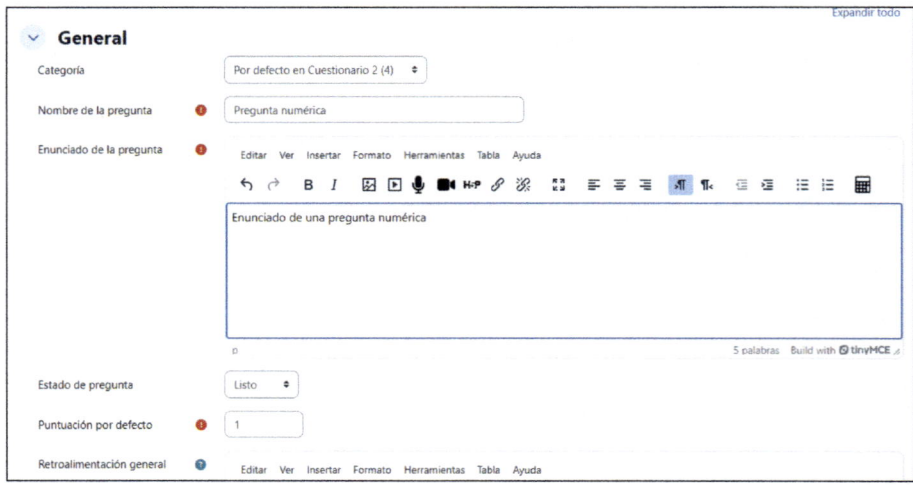

Enunciado para pregunta numérica

En las opciones **General** se indicará, como se ha hecho con todas las preguntas hasta ahora, el nombre de la pregunta y su enunciado.

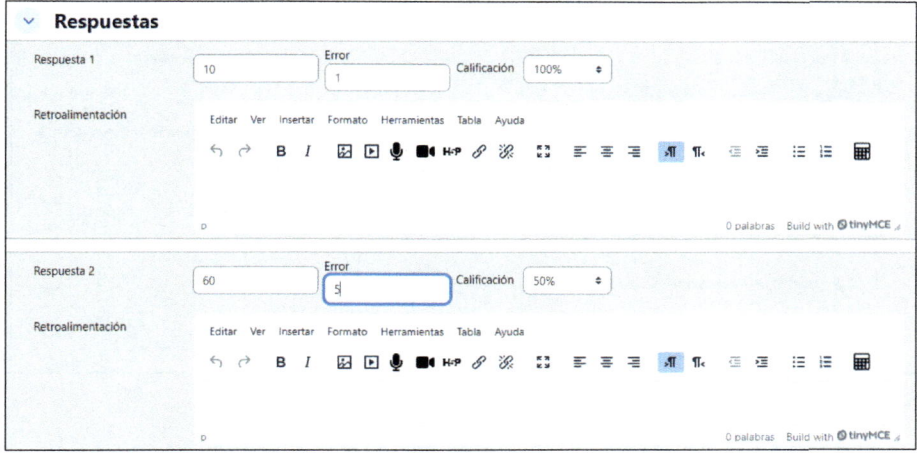

Respuestas para pregunta numérica

En las respuestas se han indicado dos posibles respuestas. Para la primera, 10, se permite un margen de error de 1. De esta manera 9, 10 y 11 permitirán obtener el 100 % de la puntuación. Según la segunda respuesta, un valor comprendido entre 55 y 65 dará un 50 % de puntuación.

? Sabía que...

Para cada una de las respuestas se puede especificar una retroalimentación. Ese será el mensaje que se le presente al usuario cuando elija esa respuesta.

Una vez agregadas las cuatro preguntas anteriores, este será el aspecto que muestre la edición de preguntas del cuestionario:

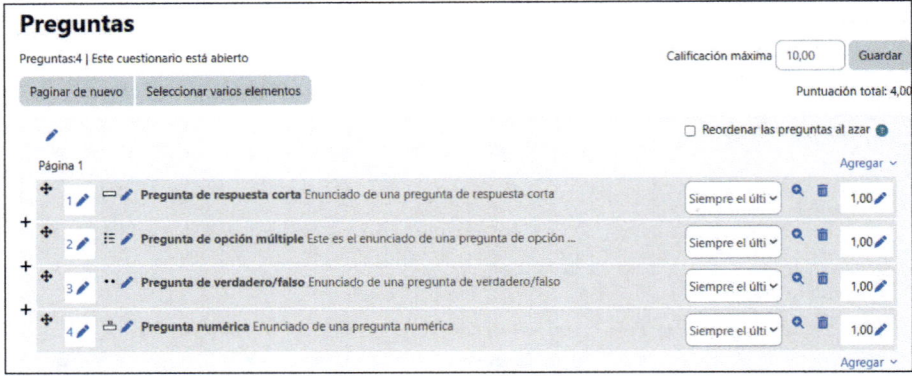

Edición de preguntas del cuestionario

Desde la opción **Preguntas** también se permite modificar la calificación que tendrá cada pregunta. De esta manera, si se quiere anular una pregunta para que no cuente en el cuestionario, habría que asignarlo una calificación de 0,00. Esto se hace haciendo clic en el icono:

Suponiendo que se haya configurado el cuestionario para que todas las preguntas se muestren en la misma página, si se desea responder debe aparecer algo parecido a la siguiente imagen:

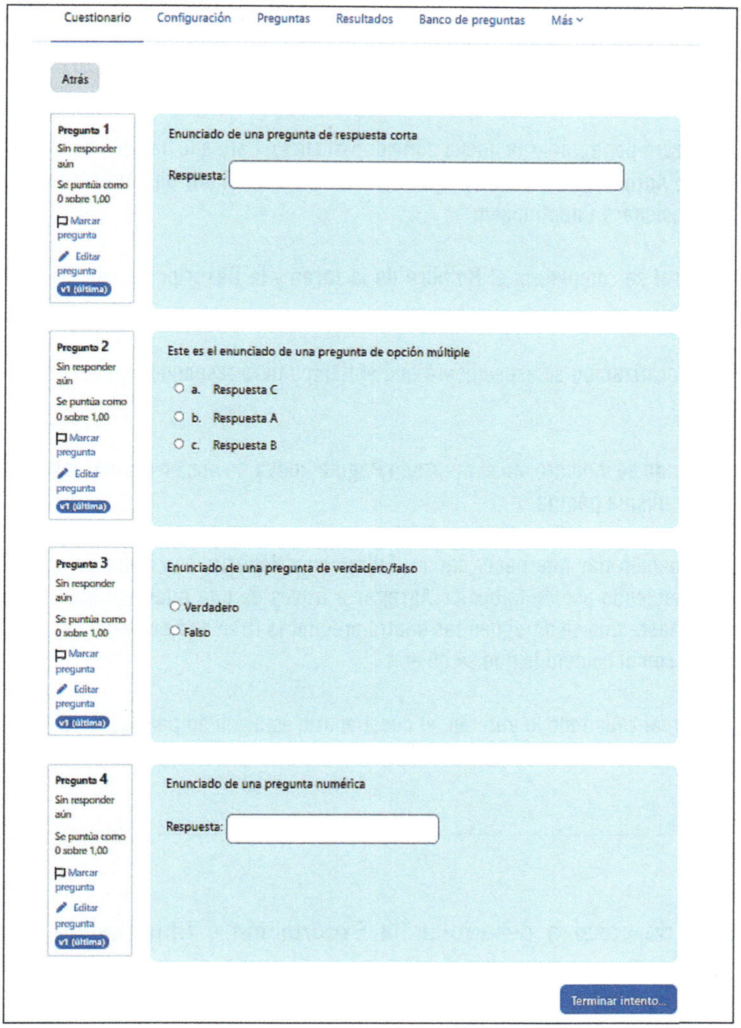

| Cuestionario | Configuración | Preguntas | Resultados | Banco de preguntas | Más ∨ |

Atrás

Pregunta 1
Sin responder aún
Se puntúa como 0 sobre 1,00
🚩 Marcar pregunta
✏️ Editar pregunta
v1 (última)

Enunciado de una pregunta de respuesta corta

Respuesta: [   ]

Pregunta 2
Sin responder aún
Se puntúa como 0 sobre 1,00
🚩 Marcar pregunta
✏️ Editar pregunta
v1 (última)

Este es el enunciado de una pregunta de opción múltiple

○ a.   Respuesta C
○ b.   Respuesta A
○ c.   Respuesta B

Pregunta 3
Sin responder aún
Se puntúa como 0 sobre 1,00
🚩 Marcar pregunta
✏️ Editar pregunta
v1 (última)

Enunciado de una pregunta de verdadero/falso

○ Verdadero
○ Falso

Pregunta 4
Sin responder aún
Se puntúa como 0 sobre 1,00
🚩 Marcar pregunta
✏️ Editar pregunta
v1 (última)

Enunciado de una pregunta numérica

Respuesta: [   ]

Terminar intento...

Vista de la preguntas del cuestionario

Aplicación práctica

Cree un cuestionario y agregue tres preguntas de opción múltiple y una de tipo Ensayo. El texto de las preguntas y las respuestas queda a su libre elección. El cuestionario debe de mostrar todas las preguntas en la misma página, y tendrá un límite de tiempo de 60 minutos.

Continúa en página siguiente >>

<< Viene de página anterior

SOLUCIÓN

Se empezará por agregar la nueva actividad al curso. Para ello hay que habilitar la edición, mediante **Activar edición.** Acto seguido se hará clic en **Añadir una actividad o un recurso,** y se seleccionará **Cuestionario.**

En **General** se completará el **Nombre de la tarea** y la **Descripción** con los datos que correspondan.

En **Temporalización** se especificará que el tiempo para responder el cuestionario es de 60 minutos.

En **Esquema** se indicará, en el apartado **Página nueva,** la opción **Nunca, todas las preguntas en la misma página.**

A continuación hay que hacer clic en **Editar cuestionario,** con el fin de agregar las preguntas haciendo uso de la opción **Agregar** a través de **una nueva pregunta.** Repetir este proceso hasta que se agreguen las cuatro preguntas (tres de tipo Opción Múltiple y una de Ensayo), con el contenido que se quiera.

Una vez realizado todo lo anterior, el cuestionario estará listo para ser realizado dentro del curso.

Antes de pasar a desarrollar la **Exportación** e **Importación** de preguntas, se apuntará el concepto de **Categoría** dentro del contexto de las preguntas de cuestionario.

Cada pregunta de un cuestionario vive dentro de una categoría. Estas pueden verse como una agrupación lógica, de tal forma que se pueda trabajar con ellas mejor. Si se observa, cada una de las cuatro preguntas definidas anteriormente, ha sido creada dentro de la categoría **Cuestionario 2.** Esta categoría se creó automáticamente cuando se definió el cuestionario sobre el que se iba a trabajar.

Lo que se quiere hacer ver con esto es que pueden existir muchas categorías, y que se recomienda que se utilicen categorías específicas asociadas a cada uno de los cuestionarios que vayan a formar parte del curso.

Por ejemplo, existe una categoría general asociada al curso. Se pueden crear todas las preguntas dentro de esa categoría, para después distribuirlas en los diferentes cuestionarios. Pero si, manejando un supuesto, se dispone de varios cuestionarios... ¿cómo se sabe cuáles preguntas pertenecen a un cuestionario y cuáles pertenecen a otro? De ahí la idea de usar una categoría específica, para evitar la posible dispersión.

Eso sí, hay que tener mucho cuidado. Al borrar un cuestionario se borra también la categoría asociada a dicho cuestionario. Aquí ya entraría en juego la idea de crear una categoría no asociada con ningún cuestionario, con el fin de evitar la eliminación accidental.

 Recuerde

Para evitar problemas en el futuro, se recomienda que las preguntas no vayan dentro del banco de preguntas general del curso. Con esto se evitará, en el caso de que se tengan varios cuestionarios, la dispersión de las preguntas y no saber con cual se corresponde cada una.

Para crear una categoría hay que seguir los siguientes pasos:

- Ir al curso.
- Entrar en el cuestionario creado.
- Opción **Banco de preguntas.**
- Escoger en el desplegable **Categorías.**

En la página que se muestra aparecen las categorías actuales disponibles en el curso, junto con las propias del sistema. También se permitirá añadir una nueva categoría:

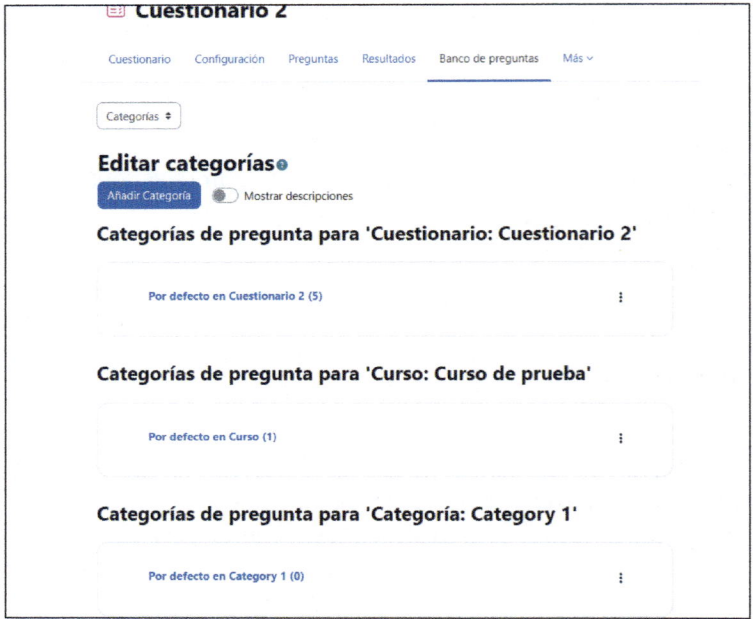

Gestión de categorías del banco de preguntas

Usando la opción de **Añadir categoría** se procederá a crear una nueva, poniendo de nombre, por ejemplo, "Banco de preguntas de prueba". El campo **Descripción** no es necesario, y la categoría padre (es decir, la categoría contenedora) será la del curso en cuestión. El resultado del proceso se muestra en la siguiente imagen:

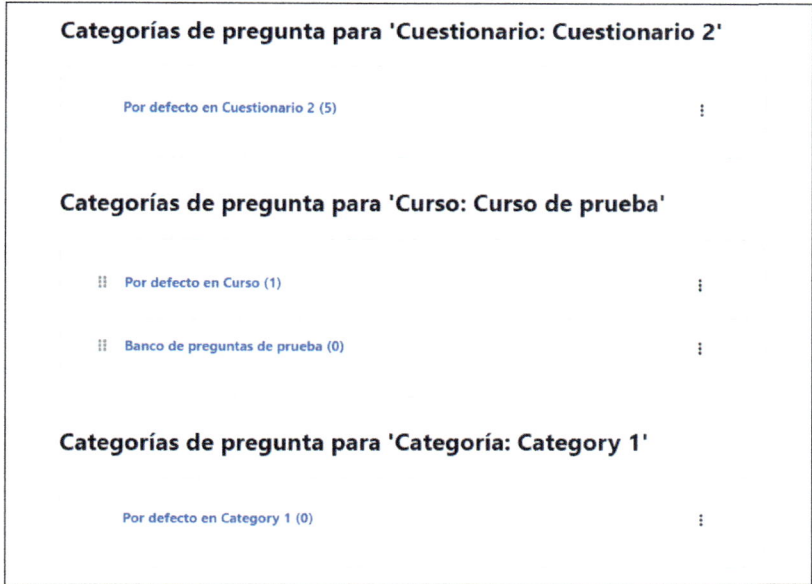

Resultado de la creación de una nueva categoría de preguntas

Una vez que se sabe cómo crear una categoría, se pueden llevar a cabo los diferentes procesos de importación y exportación. Para antes de eso, para exponer el contexto, se partirá del cuestionario creado anteriormente, que constaba de cuatro preguntas. Para ver las preguntas que están presentes en las categorías disponibles hay que seguir los siguientes pasos:

1. Ir al curso.
2. Entrar en el cuestionario creado.
3. Opción **Banco de preguntas.**
4. Escoger en el desplegable **Preguntas.**

Una vez allí se mostrarán todas las categorías disponibles. Suponiendo que el cuestionario que se creó recibió el nombre de **Cuestionario 2,** la selección sobre dicha categoría presentará las preguntas asociadas.

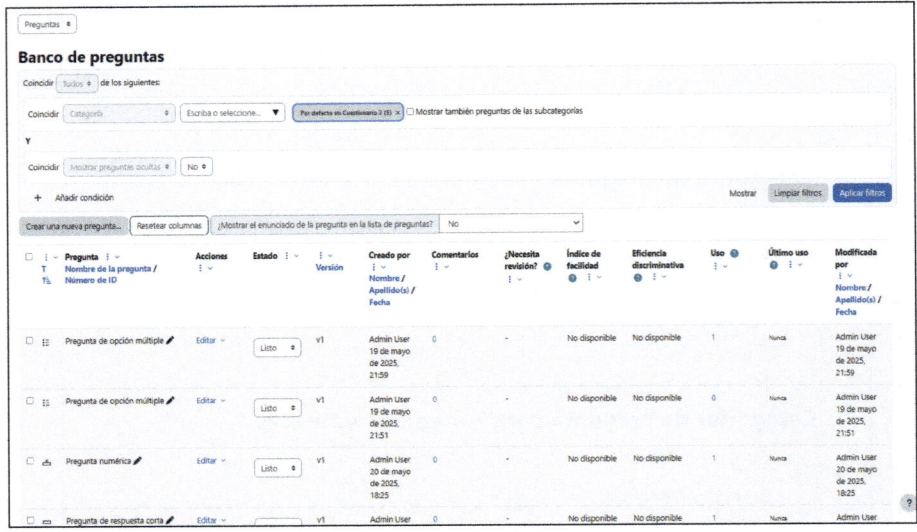

Preguntas asociadas al cuestionario de prueba creado anteriormente

 **Sabía que…**

Las preguntas dentro de una categoría se pueden editar, borrar e incluso mover a otra categoría de preguntas.

Ahora que se tiene claro el contexto (se recuerda, un cuestionario de prueba con cuatro preguntas), se ilustrará el proceso de exportación. Los pasos se enumeran a continuación:

1. Ir al curso.
2. Entrar en el cuestionario creado.
3. Opción **Banco de preguntas.**
4. Escoger en el desplegable **Exportar.**

Exportación de preguntas a un archivo

En el formulario de exportación hay que especificar los siguientes parámetros:

- **Formato del archivo:** será el formato del archivo que contendrá las preguntas exportadas. Se recomienda el Formato GIFT, ya que abarca bastantes tipos de preguntas.
- **Exportar categoría:** indica la categoría de las preguntas que se pretende exportar. También, en el archivo que se cree, se puede indicar la categoría a la que pertenecían las preguntas. Esto posibilita la creación de la categoría en el momento de la exportación, en el caso de que no exista.

El resultado del proceso será un archivo de texto, que posteriormente podrá ser usado para llevar a cabo una importación.

 Actividades

18. Si hay un pequeño error en el enunciado de una pregunta importada dentro de un fichero, ¿cree que es válida la edición del mismo para corregir el error? ¿O sería mejor exportar la pregunta y corregirla en el propio Moodle?

El proceso inverso a la exportación es la importación. Con esto se pueden cargar preguntas en un cuestionario. Es útil si, por ejemplo, se quieren montar preguntas que han sido facilitas por un tercero. Para este ejemplo se creará un nuevo cuestionario, llamado "Cuestionario para importación". Este será un cuestionario vacío.

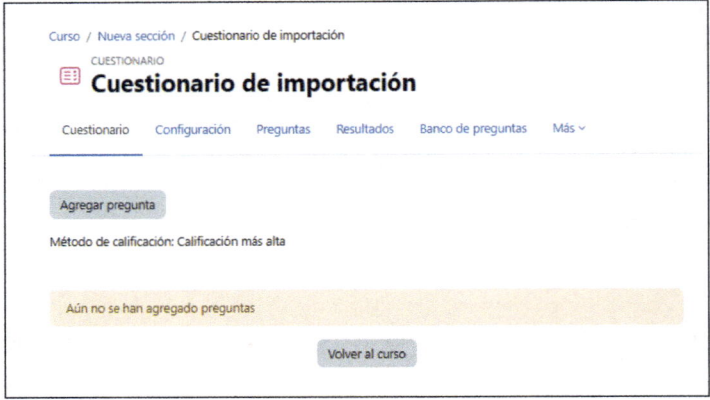

Cuestionario vacío sobre el que se realizará las importación

Para ir a la página de importación se debe seguir la siguiente secuencia:

1. Ir al curso.
2. Entrar en el cuestionario creado.
3. Opción **Banco de preguntas.**
4. Escoger en el desplegable **Importar.**

Importación de preguntas desde un archivo

Como se puede apreciar en la imagen, para llevar a cabo la importación hay que especificar diferentes parámetros:

- **Formato de archivo:** este es el formato que tiene el archivo que contiene las preguntas a importar. Si durante el proceso de exportación se usó el formato GIFT, el efectuar la importación hay que indicar el mismo.
- **Categoría a donde importar:** muy importante. Por defecto suele aparecer el banco de preguntas general del curso. Hay que asegurarse de que se elige otro, con el fin de evitar que todas las preguntas de todos los cuestionarios terminen en el mismo banco de preguntas. En el ejemplo se observa que se ha elegido el banco de preguntas del recién creado **Cuestionario de importación.**
- **Importar:** aquí se indicará el archivo desde el cual importar. El formato del archivo debe de coincidir con el especificado arriba.

Una vez configurados todos los parámetros, se procederá a realizar la importación. Si todo ha ido bien, el resultado será parecido a la siguiente imagen:

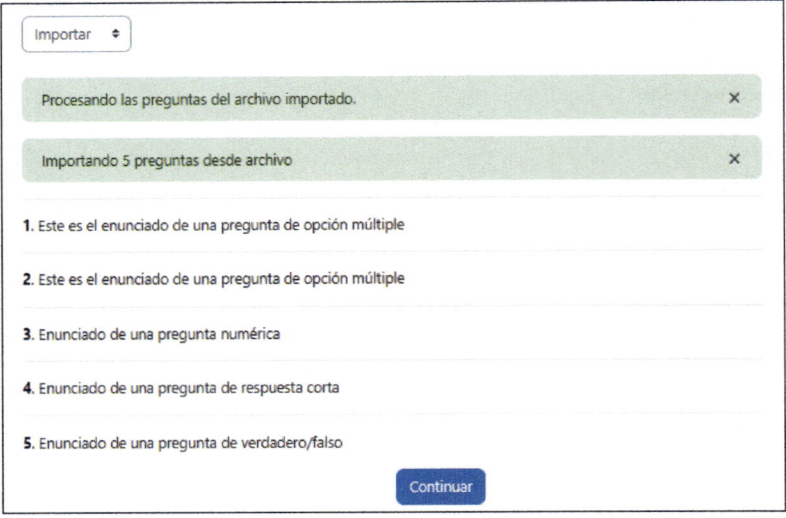

Resultado de la importación

Llegados a este punto, se puede interpretar que **Cuestionario de importación** tiene ya las cuatro preguntas cargadas. La respuesta es no. Dichas preguntas están en la categoría correspondiente del banco de preguntas, y deben ser cargadas en el cuestionario para su correcta visualización. Para ello hay que acceder al cuestionario, y hacer clic en **Editar cuestionario.**

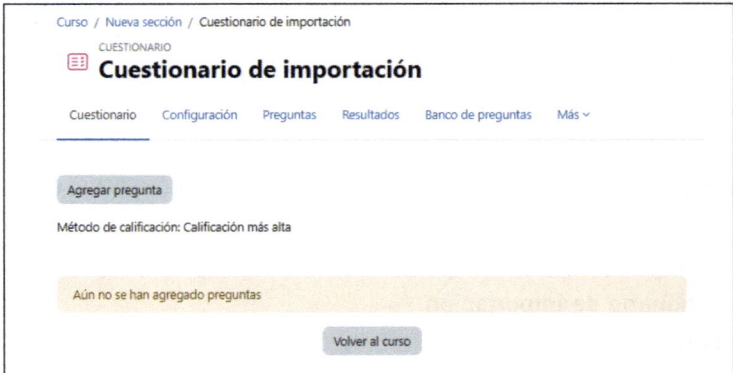

Cuestionario de importación sin las preguntas cargadas

En la siguiente página se deberá hacer clic en **Agregar,** con el fin de que se muestre un menú desplegable.

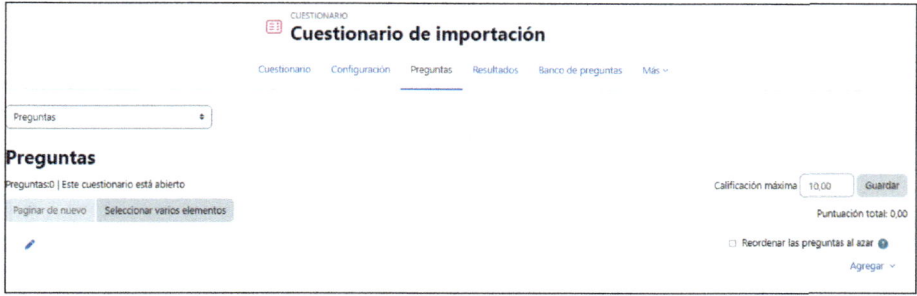

Visión general de las preguntas cargadas en el cuestionario, como paso previo al proceso de Agregar

Se recordará que este proceso ya ha sido realizado, cuando se procedió a agregar preguntas una a una. Ahora, sin embargo, en vez de elegir **una pregunta nueva** se seleccionará **del banco de preguntas.**

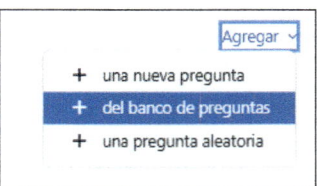

Menú desplegable con las opciones de agregación de nueva pregunta

En la nueva ventana que se mostrará habrá que seleccionar la categoría sobre la cual se han importado las preguntas. Es decir, hay que seleccionar la categoría **Cuestionario de importación.**

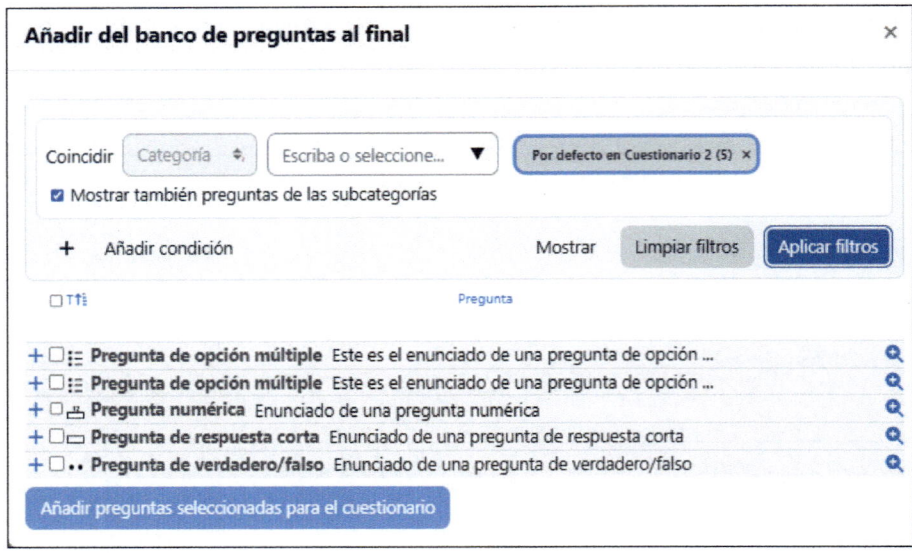

Agregación de preguntas al cuestionario

Ya solo quedaría seleccionar las preguntas y hacer clic en **Añadir preguntas seleccionadas para el cuestionario.** Con esto ya estarían las preguntas previamente importadas en el cuestionario, como se puede apreciar en la imagen siguiente:

Cuestionario con las preguntas importadas

Recuerde

Cada vez que se importan preguntas pasan a una categoría previamente especificada. Si se desea que formen parte de un cuestionario hay que indicarlo expresamente.

Para concluir el apartado dedicado a exportación e importación, se introducirá un formato muy utilizado para llevar a cabo la importación de preguntas de respuesta múltiple. Es el formato AIKEN. Una pregunta en formato **AIKEN** tiene la siguiente estructura:

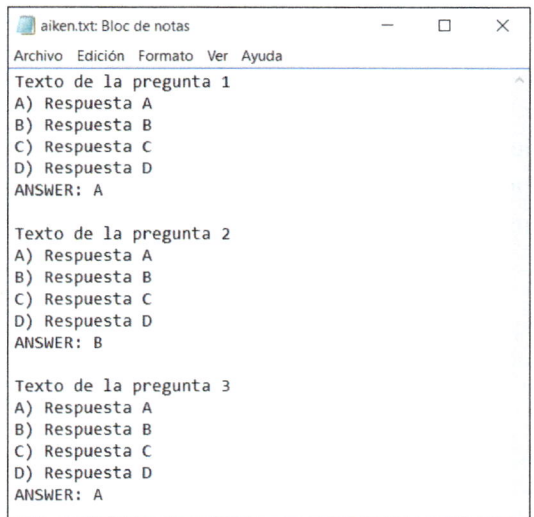

Ejemplo de archivo de preguntas en formato AIKEN

A tenor de la imagen anterior, las características que debe tener un archivo en formato AIKEN están muy claras:

1. Cada enunciado (sea pregunta o respuesta) debe ir en la misma línea.
2. Entre la respuesta correcta de la pregunta anterior y el enunciado de la siguiente hay que dejar una línea en blanco.

3. Las respuestas siguen una secuencia formada por letra (en mayúscula), paréntesis de cierre, espacio y texto de la respuesta.
4. Al terminar las respuestas de una pregunta, hay que indicar la respuesta correcta. Esto se hace mediante ANSWER: (no olvidar los dos puntos y dejar un espacio para indicar la letra de la respuesta correcta).

 Sabía que...

El formato AIKEN se creó para permitir al usuario la definición de preguntas de respuesta múltiple de una manera simple, en un formato claro y de fácil lectura y que se puede guardar como texto plano usando cualquier editor de texto.

Por ejemplo, si se quiere proceder a la importación del archivo anterior en el **Cuestionario de importación** esta será la configuración que habrá que realizar en la página de importación. Se hace hincapié en el hecho de que hay que seleccionar la categoría correcta (en este caso la de **Cuestionario de importación)**:

Ejemplo de importación en formato AIKEN

El resultado de la importación se muestra a continuación. El último paso sería agregar las preguntas desde el banco de preguntas al cuestionario correspondiente, lo cual se deja como actividad.

Resultado de la importación de preguntas en formato AIKEN

 **Actividades**

19. ¿Cuántos bancos de pregunta crearía en un curso con siete cuestionarios? El curso constarán de dos temas, con los cuestionarios divididos de la siguiente forma: cuatro en el primer tema y tres en el segundo.

Al realizar una importación en formato AIKEN hay que tener en cuenta ciertas consideraciones, con el fin de evitar comportamientos no deseados:

■ Las preguntas importadas e introducidas en el banco de preguntas, por lo general, se situarán en orden alfabético. Hay que tener esto en cuenta porque, si una pregunta está en el archivo AIKEN en la posición quince, en el banco de preguntas estará en otra.

■ Hay que configurar el cuestionario para que no ordene las respuestas al azar. Si no se hace de ese modo, la respuesta correcta podría no coincidir.

■ El archivo AIKEN debe estar en codificación UTF-8. Esto, en *Windows*, se especifica desde el guardado de archivo, en un apartado correspondiente a codificación. Como no se haga y estén presentes caracteres extraños en el documento la importación puede no realizarse correctamente.

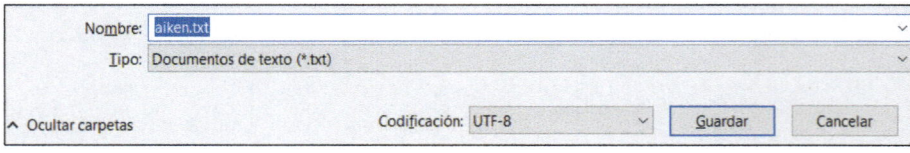

Opción Guardar como del bloc de notas de Windows

Lo último que quedaría por ver, relativos a los cuestionarios, es como se pueden visualizar los resultados de los participantes. Para ello hay que ir a la opción resultados.

Acceso a calificaciones del cuestionario

En la opción **Calificaciones** se muestran los resultados de cada uno de los participantes que han terminado el cuestionario. En la siguiente imagen se ilustra el resultado de un participante en un cuestionario.

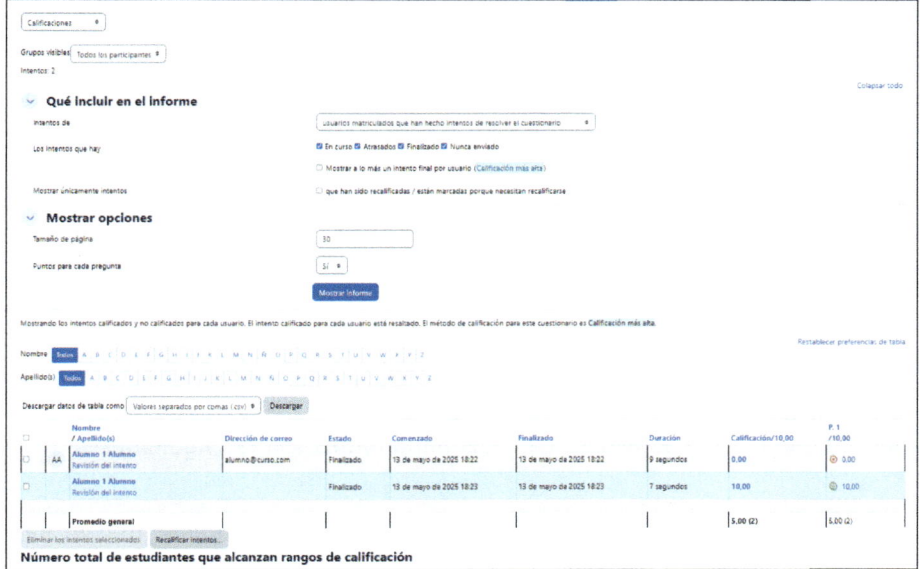

La información que se desprende se detalla a continuación:

- **Nombre / Apellidos(s).**
- **Dirección de correo.**
- **Estado:** Indica si el cuestionario ha sido finalizado o si se encuentra en curso.
- **Comenzado el:** Fecha de comienzo del cuestionario.
- **Finalizado:** Fecha de finalización del cuestionario.
- **Duración.**
- **Calificación:** Calificación sobre 10.

- **Desglose de las preguntas,** indicando las que han sido correctas, incorrectas y su puntuación.

Como apunte complementario se menciona el hecho de que los intentos de un usuario pueden ser modificados o recalificados, simplemente seleccionando el intento correspondiente y haciendo clic en cualquiera de los botones **Recalificar intentos seleccionados o Eliminar los intentos seleccionados.**

Foros

Un foro es un tipo de actividad que permite que los usuarios puedan postear con el fin de intercambiar opiniones sobre temas diversos o establecer escenarios de colaboración. Para crear una actividad de tipo **Foro** hay que hacer lo siguiente:

1. Ir al curso.
2. Activar **Modo edición.**
3. Hacer clic en **Añadir una actividad o un recurso.**
4. Seleccionar **Foro.**

De nuevo aparecerán opciones de configuración, como viene siendo habitual con cada nueva actividad. Las más importantes son las siguientes:

- **General: Nombre y Descripción** del foro. También se puede indicar que se muestre la descripción en la página principal del curso.

Configuración de opciones generales del foro

También aparece una opción para indicar el tipo de foro que se pretende crear. Las cinco opciones que se ofrecen son:

- **Foro para uso general:** el más clásico y utilizado. Cualquiera puede empezar un tema.
- **Debate sencillo:** intercambio de idea sobre un único tema, en la misma página.
- **Foro pregunta y respuestas (Foro P y R):** se plantea una pregunta sobre la que hay que responder. Para leer las respuestas de los demás primero hay que participar.
- **Foro estándar con formato de blog:** es como el foro de uso general, solo que los temas de discusión aparecen con enlaces del tipo "Discute este tema".
- **Cada persona plantea un tema:** cada usuario puede plantear solo un tema de discusión.

- **Adjuntos y recuentos de palabra:** configuración relativa al número de archivos permitidos en un mensaje (y su tamaño), y la opción de poder mostrar el número de palabras que conforman el mensaje.

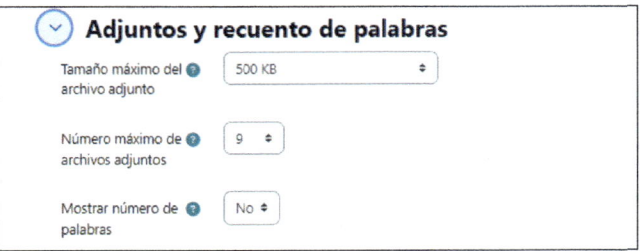

Configuración de Adjuntos y Recuento de palabras

- **Suscripción y seguimiento:** si un usuario está subscrito a un foro recibirá un aviso por cada mensaje nuevo. Esta suscripción puede ser **opcional** (el usuario elige), **forzosa** (no se puede dar de baja), **automática** (el usuario se puede dar de baja) y **desactivada** (no se permiten suscripciones). Con el rastreo se permite que el usuario pueda realizar un seguimiento sobre los mensajes leídos y no leídos en el foro.

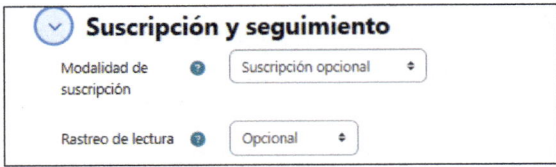

Configuración de Suscripción y rastreo de lectura

■ **Umbral de mensajes para bloqueo:** especifica el número de días que estará el foro abierto para escribir mensajes, y también el número de mensajes máximos permitidos en ese período de tiempo.

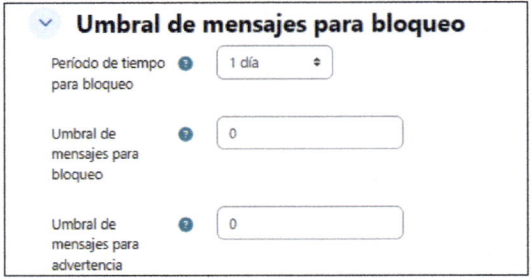

Configuración de Umbral de mensajes para bloqueo

 ## Actividades

20. Ponga un ejemplo típico para cada uno de los tipos de foro comentados anteriormente.

Calificaciones

Para cada una de las actividades anteriores se puede definir opciones de calificaciones. Con esto el profesor podrá fijar criterios de calificación para cada una de las actividades, de tal forma que se pueda establecer un seguimiento de la actividad del usuario. Las opciones de configuración de calificaciones son las siguientes:

■ **Paquetes SCORM:** en los paquetes SCORM se puede definir cómo se determina la calificación en un intento. Existen diversos criterios para definir esto, siendo el método por defecto la **Calificación más alta**.

También existe la **Calificación promedio** de todos los objetos realizados, las **Calificaciones sumadas** y **Objetos de aprendizaje** completados o aprobados. Además, por último, se puede fijar la calificación máxima que podrá tener el paquete SCORM.

Configuración de calificación de paquete SCORM

■ **Foros:** los criterios para definir la calificación en un foro son diversos. Contemplan el **Promedio de valoraciones** (media de todas las calificaciones), el **Número de valoraciones** (el número de elementos calificados se convierte en la nota final), la **Máxima calificación** (la calificación más alta será la nota final), la **Mínima calificación** (la calificación más baja será la nota final), y la **Suma de valoraciones** (la nota final será la suma de todas las calificaciones). También se puede especificar un rango de tiempo para ver qué elementos son afectados por las calificaciones, y la **Puntuación máxima** que se podrá asignar.

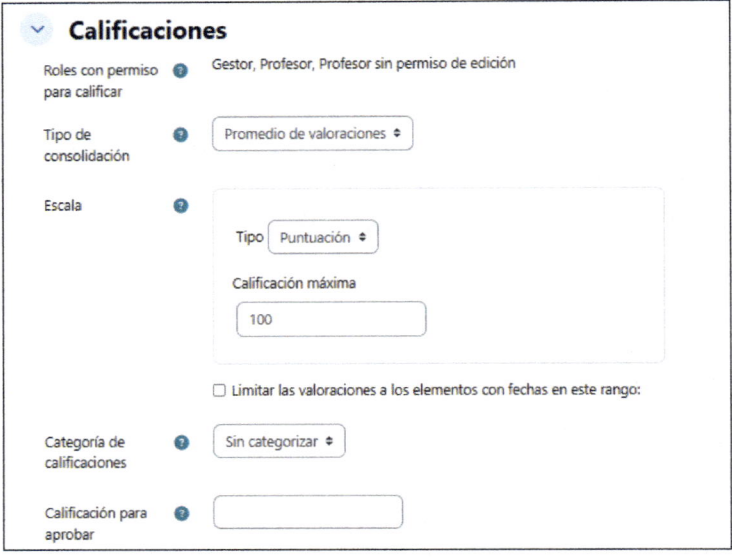

Configuración de calificación de foro

La forma en que el profesor podrá calificar la actividad en el foro será de la siguiente manera, haciendo uso de un desplegable gracias al cual se asignará la nota.

Calificación de actividad en el foro

- **Tareas:** las maneras de calificación para las actividades de tipo **Tarea** pueden ser un poco más complejas, pero para no complicar al lector únicamente se comentarán las opciones básicas. Estas opciones básicas incluyen la **Puntuación máxima**, y la **Calificación para aprobar** que debe obtener el usuario para poder aprobar. También se puede ocultar la identidad de los estudiantes, con el fin de mantener la objetividad durante la corrección.

Configuración de calificación de tarea

Para calificar las respuestas enviadas por los usuarios, simplemente hay que ir a la actividad de tipo Tarea propuesta y hacer clic en **Entregas.**

Calificación de tarea

A continuación aparecerá una lista con todos los participantes, y se podrá proceder a la calificación de cada una de las entregas.

- **Cuestionarios:** las opciones de calificación para una actividad de tipo **Cuestionario** son muy simples. Básicamente se pueden indicar el número de **Intentos permitidos**, y el **Método de calificación** (calificación más alta, puntuación media, primera calificación, o última calificación).

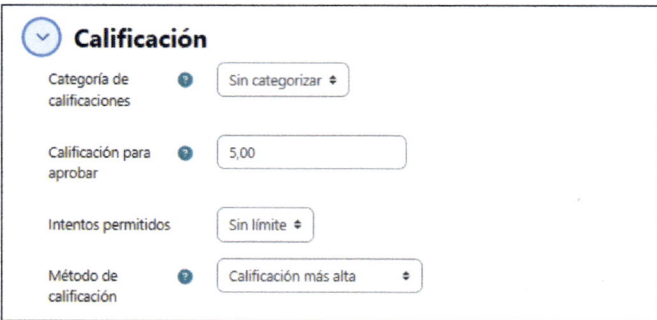

Configuración de calificación de cuestionario

Aplicación práctica

Durante la impartición de un curso, se observa que es necesario la creación de un foro en el que cada usuario debe plantear un tema. La suscripción a dicho foro debe de ser forzosa, y la calificación será por promedio de calificaciones, con una puntuación máximo de 50.

SOLUCIÓN

Se empezará por agregar la nueva actividad al curso. Para ello se habilitará edición, mediante **Activar modo edición**. Después hay que hacer clic en **Añadir una actividad o un recurso**, y se seleccionará **Foro**.

En **General** se completará el **Nombre del foro** y la **Descripción** con los datos que correspondan. No hay que olvidar indicar, en **Tipo de foro**, que **Cada persona plantea un tema**.

En **Suscripción y seguimiento**, dentro de **Modalidad de suscripción**, se seleccionará **Suscripción forzosa**.

En **Calificaciones** hay que indicar, en **Tipo de consolidación**, que se va a usar **Promedio de calificaciones**. También se apuntará a que la **Puntuación máxima** es 50.

Una vez realizado todo lo anterior, habrá que guardar los cambios para que el foro sea añadido al curso.

4. Resumen

En este capítulo se ha visto el proceso de creación de un curso, algo que se debe de realizar desde el rol de Administrador o si se tienen privilegios de Creador de cursos. Para definir un curso hay que tener en cuenta varios aspectos, entre ellos el formato que se pretende aplicar. También se pueden considerar otros parámetros relativos a la apariencia, como personalizar el tema visual que se quiere vincular con el curso, el acceso (o no) al libro de calificaciones por parte del estudiante o el número de ítems de noticias que se pueden visualizar.

Todos los parámetros que se configuran durante el proceso de creación del curso pueden ser modificados después, una vez el curso ya haya sido creado. Para ello, de nuevo, se requieren los permisos anteriores (Administrador o Creador de cursos), o el de Profesor (que se corresponde con Profesor con Permisos de edición).

También se han vuelto a mencionar otros conceptos ya vistos en el capítulo anterior, como los Bloques y el Modo Edición. Este último es especialmente importante puesto que permite que el Profesor (de nuevo, siempre que tenga permisos de edición) pueda añadir contenido al curso.

Sobre las diferentes actividades que se pueden añadir se han tratado tres: los paquetes SCORM, que llevan gran parte de la carga teórica de la que consta el curso (y que deben crearse haciendo uso de una herramienta externa, para obtener que archivo ZIP que se cargará en el curso), los cuestionarios (que son actividades compuestas por una batería de preguntas que se autocalifican), la tareas (que son preguntas de tipo desarrollo, que permiten adjuntar archivos) y los foros (que son lugares de participación e intercambio de opiniones).

Se ha dedicado un apartado especialmente extenso a los cuestionarios, con el fin de ver todo lo relacionado con el proceso de exportación, importación, y el banco de preguntas. Este es el lugar en el cual "descansan" la preguntas una vez han sido importadas de un archivo externo, como paso previo a su vinculación a un cuestionario.

Por último, para cada una de las actividades comentadas anteriormente, se han especificado sus opciones básicas de calificación con el fin de que el profesor pueda establecer un seguimiento de la actividad del alumno.

Ejercicios de repaso y autoevaluación

1. Son tipos de actividades de Moodle:

   a. Cuestionarios.
   b. Vídeos.
   c. Resúmenes.
   d. Todas las opciones son correctas.

2. Los paquetes SCORM son archivos comprimidos dentro de un fichero de extensión
   _____. Siguen el estándar _____, y requieren
   de herramientas _____, para su creación.

3. ¿Cuándo hay que definir el formato de curso? ¿Puede modificarse posteriormente?

   _____
   _____

4. Los rastreos...

   a. ... están habilitados por defecto.
   b. ... permiten controlar cuando una actividad ha sido realizada.
   c. ... se realizan a nivel de campus, no de curso.
   d. Todas las opciones son correctas.

5. ¿Qué se puede hacer con los intentos de los participantes en un cuestionario?

   a. Eliminarlos.
   b. Duplicarlos.
   c. Modificar las respuestas.
   d. Todas las opciones son correctas.

6. **Son roles en Moodle:**

    a. Estudiante.
    b. Profesor.
    c. Profesor sin derechos de edición.
    d. Todas las opciones son correctas.

7. **¿Cuáles son las dos maneras de insertar un fichero SCORM en un curso?**

    _____
    _____
    _____
    _____

8. **¿Se puede insertar una actividad de tipo tarea dentro de un cuestionario?**

    a. Sí, no hay restricciones.
    b. Sí, siempre que sea corregida por el tutor.
    c. No, es un supuesto que no se contempla.
    d. Depende del tipo de curso.

9. **El formato AIKEN:**

    a. Es un formato especial que necesita de un programa propietario para su lectura.
    b. Permite exportar cualquier tipo de pregunta.
    c. Una vez abierto es de fácil lectura por el ser humano.
    d. Todas las opciones son correctas.

10. **Los bancos de preguntas son _____, aunque son necesarios si se pretende exportar/importar. Pueden existir a nivel de _____ y de _____. Entre otras cosas, se permite _____ preguntas de un banco a otro.**

Capítulo 3
Gestionando el curso

Contenido

1. Introducción
2. Matrícula
3. Condicionales
4. Informes
5. Grupos
6. Participantes y comunicaciones
7. Scorm
8. Copias de seguridad
9. Calificador
10. Resumen

1. Introducción

En capítulos anteriores se ha visto el proceso de creación/configuración de un curso. El siguiente paso natural es llevar a cabo la matriculación de usuarios en el mismo. En la matriculación se vincularán una serie de usuarios del campus con un curso determinado, teniendo dichos usuarios el rol de **Estudiante.**

Este proceso de matriculación será uno de los apartados que se verán en este último capítulo. Otros elementos sobre los que se profundizará será el de los **Condicionales,** con el fin de establecer acceso condicional a las diferentes actividades del curso. También se tratarán los **Informes,** que permitirán mostrar de manera intuitiva el progreso del usuario y su actividad sobre el curso.

En el capítulo 2 se presentó el concepto de Grupos aplicados al curso. En este se desarrollará el concepto de **Grupos,** pero aplicados a actividades. El capítulo seguirá avanzando las posibilidades de comunicación de Moodle, y profundizando en las actividades de tipo SCORM que ya fueron presentadas en el capítulo anterior.

Este capítulo seguirá con la idea de trabajo colaborativo, aplicado a las actividades de tal manera que se hagan uso de protocolos específicos y calificaciones grupales.

El último apartado del capítulo estará dedicado a las copias de seguridad, abarcando tanto el proceso de restauración como el de la realización de la propia copia de seguridad.

2. Matrícula

El fin natural de un curso es que sea cursado por diferentes usuarios, los cuales deberían de tener el rol de **Estudiante.** El proceso de matriculación de un estudiante, en esencia, consta de dos pasos:

1. En primer lugar hay que dar de alta al usuario en el campus.
2. Después, para el usuario creado, hay que vincularlo al curso con un rol determinado. **Estudiante** si se quiere que sea estudiante, **Profesor** si se pretende que sea el tutor del curso…

Este manual, como bien se ha dicho en varias ocasiones, está enfocado a la figura del Profesor (tanto con permisos como sin permisos de edición). La matriculación solo podrá llevarse a cabo por el **Profesor** (con permisos de edición), mientras que el **Profesor sin permisos de edición** deberá de trabajar con los usuarios que ya tenga matriculados, o bien solicitar al responsable pertinente que le matricule a otros. Lo que ninguno de los dos puede hacer, por lo general, es dar de alta a usuarios en el campus. Esto es labor del administrador, o bien de cualquiera que tenga permisos especialmente habilitados para ello (por parte de dicho administrador).

 Recuerde

El profesor (con permisos de edición) puede matricular en un curso. El profesor sin permisos de edición no. Pero ninguno de ellos, salvo elevación expresa por parte del administrador, puede dar de alta a usuarios en el campus.

El proceso de matriculación consta de los siguientes pasos:

1. Ir a la página principal del Curso.
2. Ir al menú **Participantes.**

La página que aparecerá después de seguir los pasos anteriores mostrará todos los usuarios matriculados en el curso, indicando su rol. Si el curso no tiene ningún usuario matriculado se mostrará en blanco. Este es el supuesto que se contempla en la siguiente imagen.

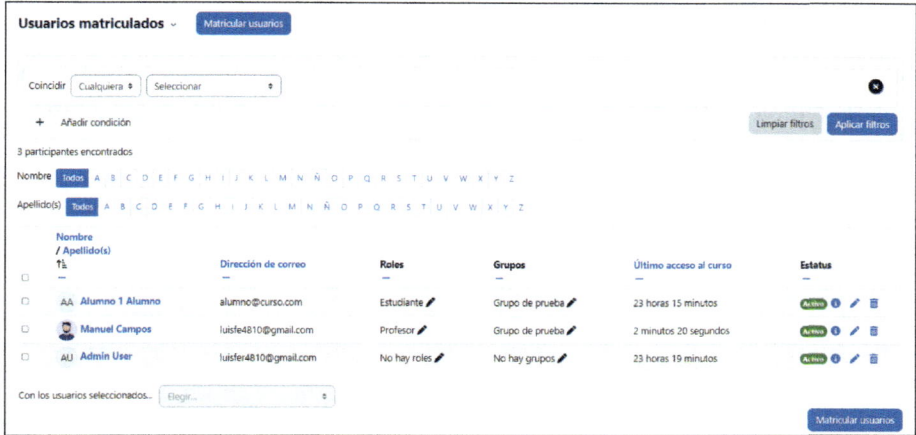

Lista de usuarios matriculados en un curso

Para proceder a la matriculación de usuarios, simplemente, hay que hacer clic en **Matricular Usuarios.** En el desplegable que aparecerá se mostrarán TODOS los usuarios del campus que no estén matriculados en el curso sobre el que se está trabajando.

Matricular usuarios   ×

Opciones de matriculación

Seleccionar usuarios	No hay selección
	Buscar ▼
Asignar rol	Estudiante ⬍
Ver menos...	
	☐ Es posible recuperar las calificaciones de usuario antiguas
Comienzo en	Ahora (22/05/2025 15:44) ⬍
Período de vigencia de la matrícula	Sin límite ⬍
Matrícula finalizada	☐ Habilitar 22 ⬍ mayo ⬍ 2025 ⬍ 15 ⬍ 44 ⬍ 🗓

Cancelar   Matricular usuarios

Desplegable de matriculación de usuarios en un curso

El desplegable de matriculación de usuarios contiene también un buscador, con el fin de facilitar la búsqueda de usuarios concretos. Para matricular a un usuario simplemente hay que seleccionarlo. Ese usuario quedará automáticamente matriculado en el curso, con el rol que se indica. Si, por ejemplo, se procede a la matriculación alumno 2 (creados previamente en el campus con el administrador), la página de Usuarios matriculados quedará de la siguiente forma:

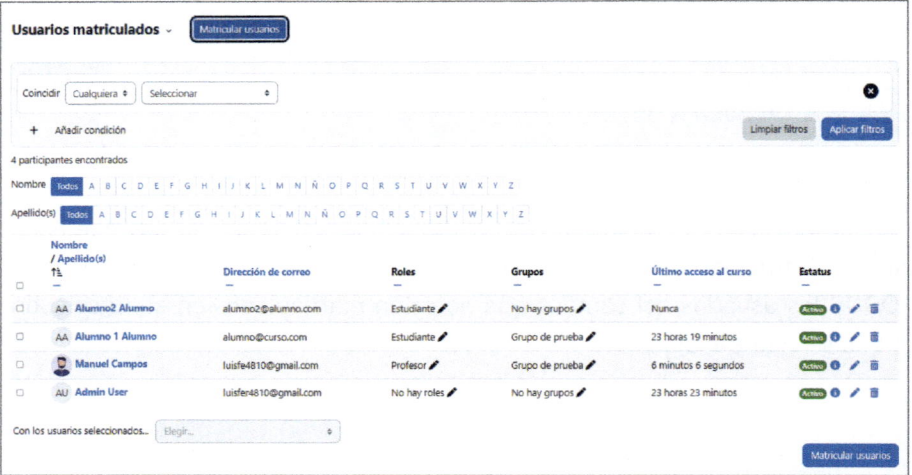

Usuarios matriculados en un curso

En la lista de usuarios matriculados en el curso se muestra información muy valiosa, como la fecha del último acceso al curso, el rol del usuario y el grupo al que pertenece. Por ejemplo, para modificar el estatus hay que hacer clic en el siguiente icono:

En las opciones que se muestren a continuación se podrá modificar el estatus del alumno.

Edición de estatus del alumno

Si le ponemos el estado en **Suspendido,** tendrá el acceso bloqueado independientemente de las fechas fijadas.

 Actividades

1. Ponga ejemplos de cursos en los que sea interesante que el usuario tenga una fecha de fin concreta. Haga lo mismo respecto a suspender una cuenta de usuario.

Otra opción que se permite es modificar el rol de usuario. En el capítulo anterior se mencionó que un usuario podía tener más de un rol en el mismo curso, de manera simultánea. También se dijo que esta situación no era muy recomendable (lo cual no implica que la posibilidad deje de estar presente). Sin embargo, la situación que se plantea a continuación es modificar el rol de un usuario. En concreto el de **alumno1,** que está como Estudiante y se pondrá como Profesor (con derechos de edición). Para ello, es necesario tener permisos de administrador. Los pasos a seguir se detallan a continuación:

1. Hacer clic sobre el lápiz para editar.

2. Eliminar el rol que tiene actualmente.
3. Seleccionar el nuevo rol de la lista.

El resultado de la modificación del rol para el alumno1 será el siguiente:

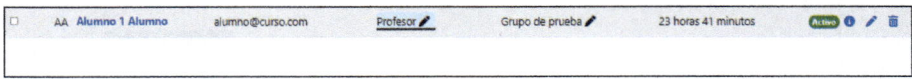

Modificación de rol de usuario

3. Condicionales

En el tema anterior se contempló el concepto de **Finalización de Actividad.** Los condicionales son una opción muy interesante, derivada de la finalización de actividad.

 Actividades

2. ¿En qué consistía la Finalización de Actividad en Moodle?

Mediante los condicionales, se puede indicar que el acceso a la primera actividad de un tema depende de la finalización de la última actividad del tema anterior. Para habilitar esta opción los pasos a seguir se desglosan en los siguientes puntos:

1. Ir a la opción **Administración del sitio.**

2. Seleccionar **Opciones avanzadas.**

3. Marcar **Habilitar restricciones de acceso.**

Habilitar restricciones de acceso enableavailability	☑ Valor por defecto: Sí
	Si está habilitado, las condiciones (basadas en la fecha, calificación, finalización, etc.) se pueden configurar para controlar si se puede acceder a una actividad o recurso.

Habilitar restricciones de acceso

Recuerde

La activación del acceso condicional debe hacerse por parte del administrador del campus.

Una vez activada esta opción, para cada actividad definida en el curso se podrá fijar una condición (o varias) de acceso. Como es lógico, se pueden definir en la pantalla de **Edición de Ajustes de la actividad,** mostrándose algo parecido a la siguiente imagen:

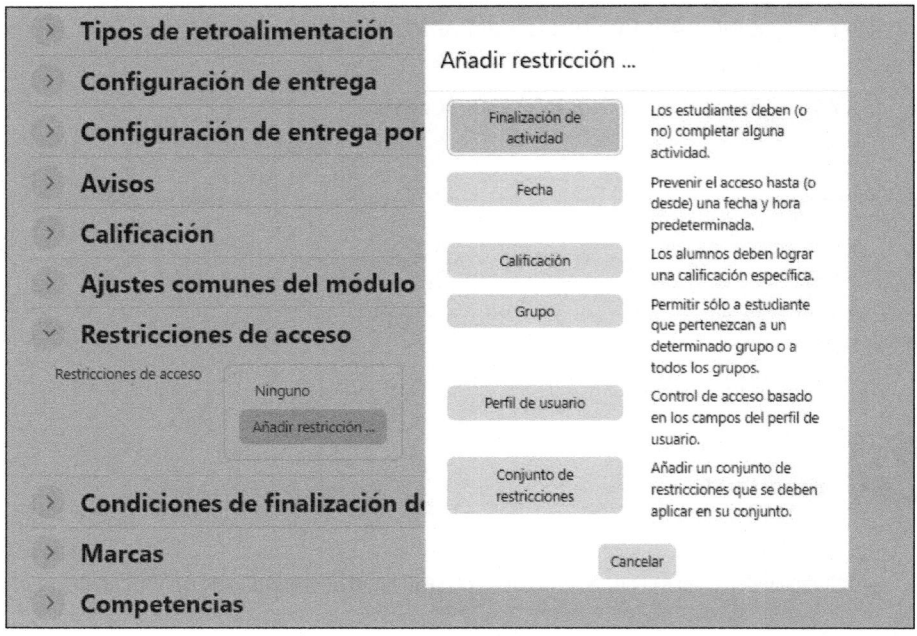

Restricciones de acceso

Las diferentes restricciones que se pueden definir son bastantes descriptivas por sí mismas:

1. **Fecha:** fija una fecha hasta la cual (o desde la cual) el acceso a la actividad.
2. **Calificación:** se debe obtener una calificación en una actividad previa.
3. **Perfil de usuario:** se permite el acceso (o no) si se dan ciertas condiciones relacionadas con el perfil de usuario. Por ejemplo, el nombre de usuario debe de coincidir con uno indicado.
4. **Conjunto de restricciones:** básicamente es lo mismo que las anteriores, solo que las restricciones aquí definidas deben aplicarse en su conjunto.
5. **Grupo:** control de acceso basado en los campos del perfil de usuario.

Por ejemplo, si se quiere aplicar un conjunto de restricciones que indique que el nombre que debe contener es apellido Granados y que la fecha sea superior al 22 de noviembre del 2024, el proceso es el siguiente:

1. Hacer clic en **Conjunto de restricciones.**
2. Hacer clic en el **Añadir restricción más interno,** y seleccionar **Fecha.**
3. Configurar la fecha como "desde" y "22 de noviembre de 2024".
4. Volver a hacer clic en el **Añadir restricción** interno, y seleccionar **Perfil de usuario.**
5. En campo de usuario elegir **Apellido,** y poner "Granados" como valor de campo.

Teniendo en cuenta lo anterior, la configuración de condiciones quedaría de la siguiente manera:

Configuración de las restricciones de acceso

Si ahora se accede a la página principal del curso, la información que mostrará la actividad será la siguiente. Por supuesto se parte de que se está accediendo como Profesor del curso.

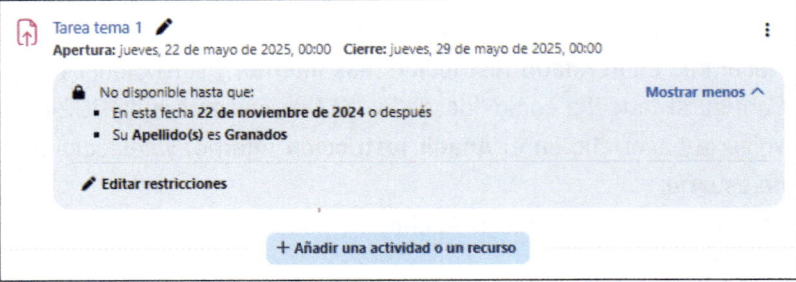

Vista de la actividad desde un usuario de tipo Profesor

Si ahora se pretende acceder con un usuario con el rol **Estudiante** que no cumpla con las condiciones anteriores (por ejemplo, un apellido diferente a Granados), la actividad mostrará un mensaje diferente:

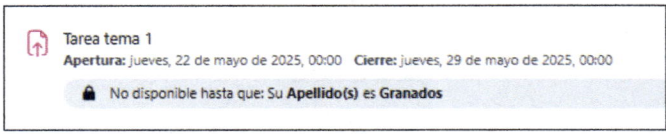

Acceso no permitido por restricción de acceso

 ## Actividades

3. Plantee teóricamente una serie de restricciones para que un usuario únicamente pueda acceder a una actividad si su nombre de usuario es diferente a uno indicado, y si la fecha de acceso es mayor al 1 de enero de 2025.

4. Informes

Los informes de Moodle son un instrumento muy valioso gracias al cual se puede representar de una manera más o menos intuitiva el progreso y actividad de un alumno en el curso, con el fin de realizar un seguimiento por parte del profesor.

Los informes son accesibles desde dentro del curso. Los pasos para localizarlos son:

1. Ir a la página principal del curso.
2. Menú **Informes.**

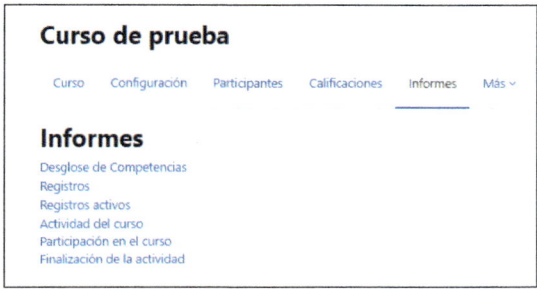

Menú de selección de informes

En la imagen anterior se puede observar que existen varios tipos de informes. Los diferentes tipos de informes se desglosarán a continuación:

■ **Informe de Registros:** en el informe de **Registros** se puede mostrar toda la actividad del usuario dentro del curso, la cual queda almacenada en las tablas internas de Moodle. Ofrece grandes posibilidades de personalización, pudiendo centrarse en todas las actividades de un curso o en una solo en concreto. El formulario que da forma a este informe es el siguiente:

Formulario de configuración del informe Registros

Los datos que se pueden elegir son:

■ **Curso en cuestión.**

■ **Grupos.**

■ **Participantes:** se pueden seleccionar todos los participantes, o alguno en concreto.

■ **Días:** se pueden seleccionar todos los días, o alguno en concreto.

■ **Actividades:** mostrar todas las actividades del curso o una en concreto.

■ **Acciones:** tipo de acción que implica la interacción del usuario. Puede ser **Crear, Vista, Actualizar** o **Borrar.**

■ **Recursos:** permite elegir entre tipos de recursos.

■ **Eventos:** tipo de formación asociada a la interacción del usuario. Puede ser **Enseñando, Participando** u **Otra.**

Un ejemplo de este tipo de informes se muestra en la siguiente imagen. Como se puede apreciar, al ser tanta la información a mostrar, se distribuye en varias páginas seleccionables a través de una interfaz de navegación.

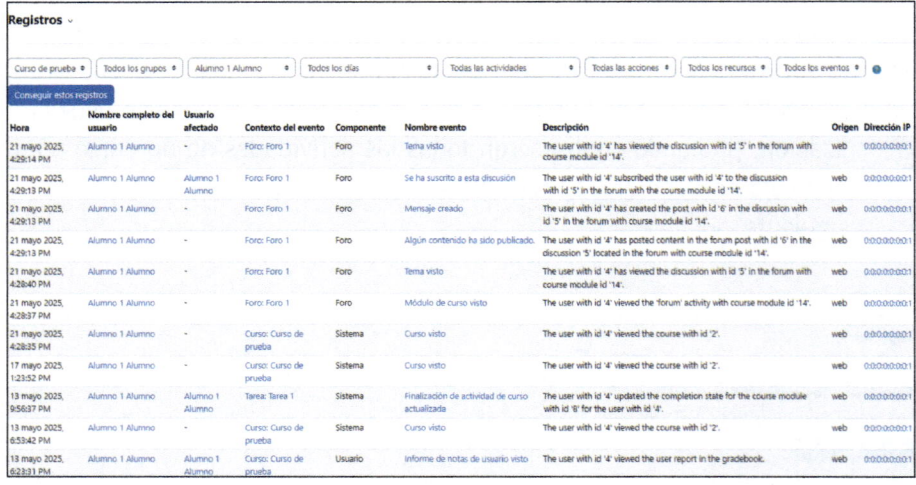

Ejemplo de informe Registros

■ **Informe de Registros activos:** es básicamente lo mismo que el informe anterior, pero sin posibilidad de elegir nada. Se mostrarán todos los registros activos en el instante actual, es decir, los que están teniendo lugar ahora mismo. En la imagen propuesta aparecerán solo interacciones del usuario Manuel Campos, que es con el que se han llevado a cabo estos ejemplos.

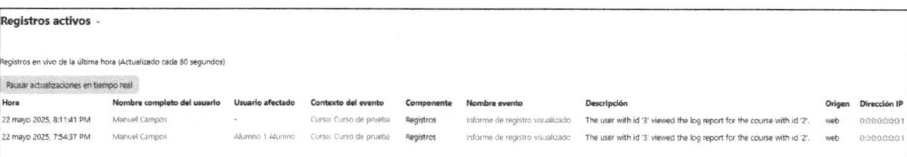

Ejemplo de informe Registros Activos

 **Recuerde**

El informe Registros es configurable, mientras que Registros Activos muestra las interacciones activas en el momento actual.

- **Informe de Actividad del curso:** este informe muestra una lista de todas las actividades y recursos del curso, indicando el número de vistas que ha tenido cada uno de estos elementos (con la fecha de último acceso). Por vistas se entiende la suma de todos los accesos por parte de todos los usuarios del curso.

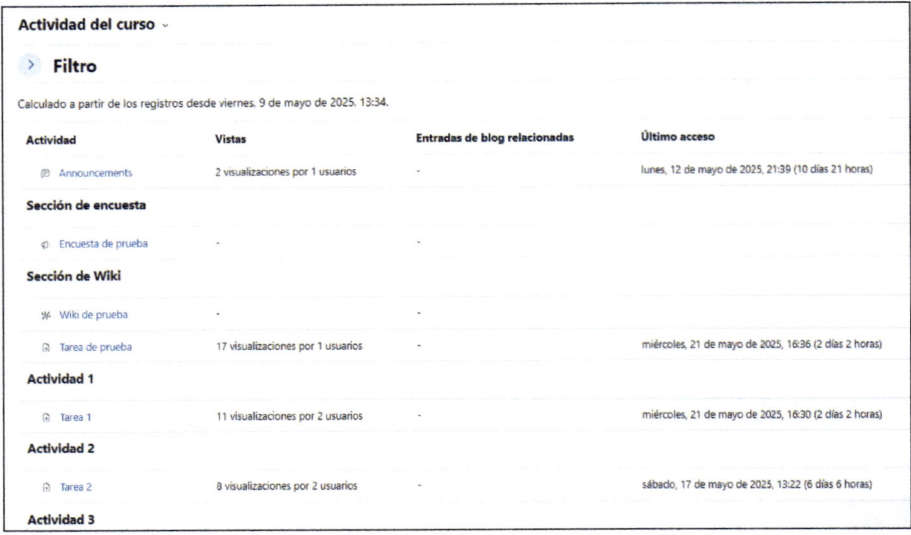

Listado de actividades en Informe de Actividad del Curso

Si se hace clic en una actividad se accederá directamente a ella, igual que si se hace clic desde la página principal del curso. Por ejemplo, si se hace clic en la **Tarea de prueba** se irá a la página de dicha tarea.

Resultado de hacer clic en Tarea de prueba

 **Actividades**

4. Piense situaciones reales en las que podría tener utilidad el informe Actividad del Curso.

■ **Informe de participación en el curso:** este informe muestra los datos de participación para una actividad en concreto. De nuevo aparece un formulario a través del cual se pueden especificar ciertos parámetros para generar el informe:

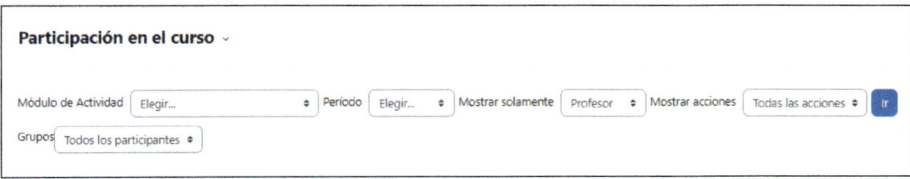

Parámetros de configuración del Informe de Participación en el curso

Los datos que se pueden especificar son:

▮ **Módulo:** actividad del curso de la que extraer los datos para generar el informe.
▮ **Período:** período de tiempo sobre el que se tomarán los datos para generar el informe.
▮ **Mostrar solamente:** roles de los participantes de la actividad a partir de los cuales se genera el informe. Por ejemplo, si se selecciona **Estudiante** solo se considerarán los participantes que tengan dicho rol.
▮ **Mostrar acciones:** aquí se puede discriminar por el tipo de acción llevada a cabo por los participantes. Puede ser **Vista** o **Mensaje.** Este último es ideal para controlar los foros, por ejemplo.
▮ **Grupos:** aquí se pueden especificar los grupos a mostrar, en el caso de que haya. El caso por defecto son **Todos los participantes.**

Por ejemplo, si se pretenden obtener las acciones de **Mensajes** por parte del **Profesor** en el **Foro 1,** se seleccionarán estos criterios en el formulario y se generará algo parecido a lo siguiente:

Ejemplo de Informe de Participación en el curso

En la imagen anterior se aprecia que hay un usuario con el rol de **Profesor,** que ha participado en el **Foro 1** con la cifra de 1 mensaje. También se ofrece la posibilidad de enviar un mensaje a dicho usuario, a través del menú desplegable cuya primera opción es **Elegir...**

- **Informe de finalización de actividad:** este informe muestra las actividades finalizadas por cada uno de los usuarios que están en el curso. Una condición indispensable es que la matriculación de dichos usuarios esté en vigor (es decir, dentro de fechas). En caso contrario no se mostrarán las actividades. En la imagen siguiente se muestran los datos de finalización de actividad de un usuario genérico matriculado en un curso:

Ejemplo de Informe de Finalización de actividad

Sabía que...

Los datos del Informe de Finalización de actividad se pueden exportar a formato CSV, el cual es uno de los formatos compatibles con Microsoft Excel.

Aplicación práctica

Se requiere, para el curso de Moodle que está impartiendo, la generación de los siguientes informes:

1. El informe de Participación en el curso. Deberá reflejar todos los participantes de rol Profesor, independientemente de la acción.
2. El informe de Participación en el curso. Deberá reflejar todos los participantes de rol Estudiante, para las acciones de tipo Vista.
3. El informe de Finalización de Actividad, suponiendo que todos los usuarios están activos en ese momento en el curso.
4. El informe de Registros, para todos los participantes a "Nivel de formación" de tipo Participando.

SOLUCIÓN

Los informes se muestran en menú **Informes,** dentro del curso. Desde allí se podrán seleccionar todos los informes que se piden:

1. Seleccionar **Participación en el curso**. En el formulario hay que indicar simplemente Profesor.
2. Seleccionar **Participación en el curso.** En **Mostrar Solo** hay que seleccionar **Estudiante,** y en **Mostrar Acciones** la opción **Vista.**
3. Seleccionar **Finalización de Actividad.** El informe se generará automáticamente con los usuarios activos en ese momento en el curso.
4. Seleccionar **Registros.** Solo hay que especificar **Todos los participantes y Participando** como **Nivel de formación.**

Con esto se habrán generado los cuatro informes que se solicitan.

5. Grupos

En el capítulo anterior se vio como crear Grupos de usuarios en Moodle. También se introdujo la idea de poder aplicar el concepto de Grupo a las actividades del curso, y se aplazó la explicación para más adelante. Esto será lo que se tratará ahora.

Los grupos de Moodle permitían fijar grupos de usuarios, con el fin de dar tratamientos diferentes o por mera cuestión estructural. El aspecto que quedó pendiente era aprovechar esta circunstancia para restringir acceso a ciertas actividades en función al grupo, forzar la entrega grupal o hacer que los estudiantes de diferentes grupos no puedan verse entre sí al interactuar dentro de una tarea.

Actividades

5. Diga ejemplos de situaciones en las que puede ser interesante el uso de Grupos a nivel de curso.

Para ilustrar este ejemplo se partirá del caso de una actividad de tipo Foro. Si se accede a la configuración de una actividad de este tipo se observará un apartado, llamado **Ajustes comunes del módulo,** igual al mostrado en la siguiente imagen:

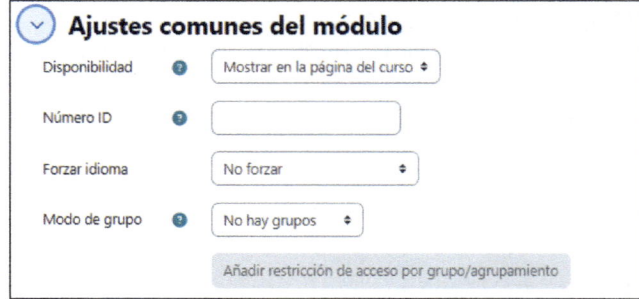

Apartado de Ajustes comunes del módulo

La opción que interesa en el apartado **Ajustes comunes de módulo,** tal y como se puede apreciar en la imagen, es la de **Modo de grupo.** En esta opción se puede especificar el comportamiento de la actividad siempre que hayan sido definidos grupos en el curso. Las posibilidades que se ofrecen son las siguientes:

- **No hay grupos:** no se tienen en cuenta los grupos.
- **Grupos separados:** cada usuario solo puede ver a los usuarios de su mismo grupo, siendo los usuarios de los otros grupos completamente transparentes.
- **Grupos visibles:** cada usuario verá a los miembros de su grupo, y puede trabajar con ellos. A los usuarios del resto de grupos únicamente los podrá ver.

Para ilustrar la situación se planteará la siguiente situación: dentro de Modo de grupo, la opción **Grupos separados** estará seleccionada. De esta manera los usuarios no podrán ver temas iniciados por miembros de otros grupos, así como sus participaciones, a menos que el tema haya sido iniciado por el tutor del curso. También se dispondrá de cuatro usuarios genéricos, estando los dos primeros en el grupo **grupoA** y los dos restantes en el grupo **grupoB.** La imagen que se muestra a continuación representa este hecho, observándose en la lista de alumnos matriculados la membresía de los mismos:

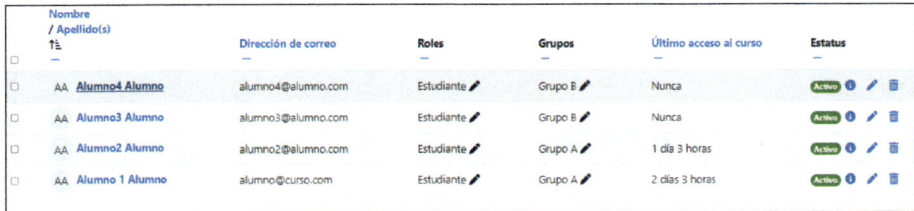

Nombre / Apellido(s) ↑≡	Dirección de correo	Roles	Grupos	Último acceso al curso	Estatus	
AA Alumno4 Alumno	alumno4@alumno.com	Estudiante ✏	Grupo B ✏	Nunca	Activo ⓘ ✏ 🗑	
AA Alumno3 Alumno	alumno3@alumno.com	Estudiante ✏	Grupo B ✏	Nunca	Activo ⓘ ✏ 🗑	
AA Alumno2 Alumno	alumno2@alumno.com	Estudiante ✏	Grupo A ✏	1 día 3 horas	Activo ⓘ ✏ 🗑	
AA Alumno 1 Alumno	alumno@curso.com	Estudiante ✏	Grupo A ✏	2 días 3 horas	Activo ⓘ ✏ 🗑	

Estudiantes genéricos y membresía en grupos para ejemplo de grupos en actividades

Supóngase ahora las siguientes interacciones por parte de los usuarios, partiendo de que la actividad de foro se ha configurado para **Grupos Separados:**

- El Administrador del campus inicia un hilo llamado **Hilo para probar grupos.**
- En **Hilo para probar grupos** participan los cuatro usuarios anteriores.

- El **alumno2,** que pertenece al grupo **grupoA,** crea un hilo llamado **Tema iniciado por el alumno2 (grupoA).**

Si el **alumno1,** que pertenece a grupo **grupoA,** decide entrar en el campus para acceder al foro, se encontrará con lo siguiente:

Acceso al foro por parte de alumno1, miembro de grupoA

Hasta aquí todo correcto. El estudiante **alumno1** es miembro de **grupoA,** luego es lógico y normal que pueda ver el hilo iniciado por su compañero de grupo **alumno2.** Ahora bien, ¿qué pasaría si **alumno3,** que es miembro de **grupoB,** accede al foro? En la siguiente imagen se muestra el resultado:

Acceso al foro por parte de alumno3, miembro de grupoB

Como se puede apreciar, **alumno3** solo puede visualizar el hilo creado por el usuario Administrador. No podrá ver el iniciado por **alumno2,** ya que la actividad está configurada como **Grupos Separados.** Esta misma situación se dará para **alumno4,** puesto que comparte grupo con **alumno3.** ¿Qué pasará si se hace clic sobre el hilo iniciado por el Administrador? ¿Estarán disponibles todas las respuestas de los cuatro usuarios? De nuevo se ofrece una imagen con la respuesta:

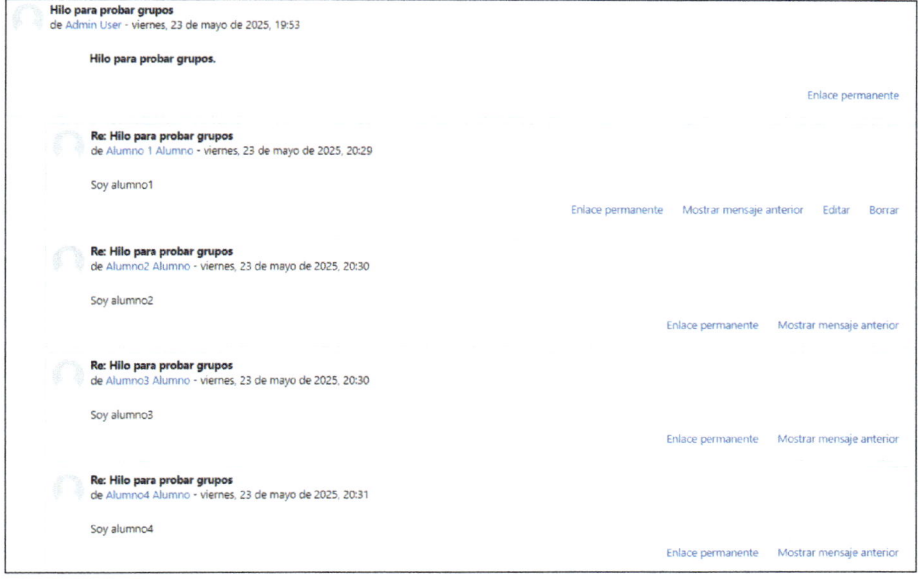

Participaciones de los usuarios en el hilo iniciado por el Administrador del campus.

En este caso el hilo se puede ver al completo, independientemente de que los usuarios que participen en él pertenezcan a un grupo u otro. Esto es debido a que el hilo ha sido iniciado por una persona que no es miembro de ningún grupo.

La siguiente comprobación que se hará será eliminar la configuración de **Grupos Separados,** con el fin de ver que, efectivamente, ahora todos los usuarios pueden ver los hilos iniciados por otros usuarios de diferentes grupos. Para ello se editará el foro, y se indicará **No hay grupos** en la opción **Modo de grupo,** dentro de **Ajustes comunes del módulo.** Si ahora se vuelve a entrar como **alumno3,** se verá que el hilo iniciado por **alumno2** está disponible.

Acceso al foro por parte de alumno3, miembro de grupoB, habiendo desactivado Grupos Separados

Como se puede observar, ahora que se ha eliminado la separación por grupos, todo el contenido del foro está disponible para cualquier usuario que acceda a la actividad.

 **Recuerde**

Si se han creado grupos en un curso, se puede establecer una configuración en las actividades que lo conforman con el fin de que los usuarios participantes no puedan "verse" o "interactuar", dependiendo de la opción elegida.

Puede darse la situación de que se pretenda aplicar la separación por grupos en todas las actividades del curso. Esto puede desembocar en un proceso muy tedioso, sobre todo si hay muchas actividades y se pretenden configurar una a una. Por ello existe la posibilidad de hacerlo de manera global, forzando que todas las actividades consideren la separación por grupos. Los pasos a seguir se enumeran a continuación:

1. Ir a la página principal del curso.
2. Ir al menú **Configuración.**
3. En el apartado dedicado a **Grupos,** indicar en **Modo de grupo** la opción **Grupos separados,** y en **Forzar el modo de grupo** marcar **Sí** (tal y como se muestra en la siguiente imagen).

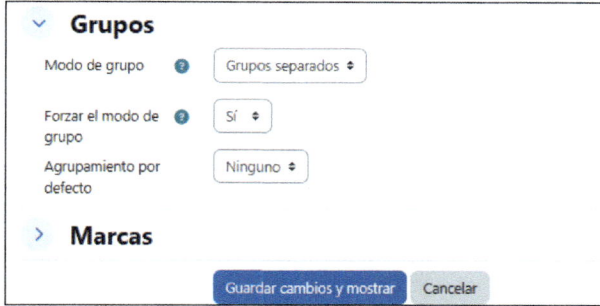

Forzado de Grupos separados en todo el curso

Una vez visto esto, ya se saben las diferencias entre **No hay grupos** y **Grupos separados.** Sin embargo falta una opción por explorar, que es la de **Grupos visibles.** Para probar su funcionamiento, se activará dicha opción (no importa que sea a nivel de curso o a nivel de actividad), y se accederá al foro con **alumno3.** Esto es lo que ocurre:

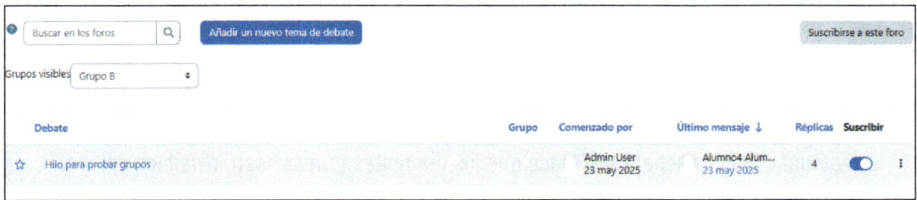

Acceso al foro por parte de alumno3, miembro de grupoB, habiendo activado Grupos Visibles

La vista por defecto es la misma que cuando se ha entrado como **Grupos Separados,** pero ahora, al ser los grupos visibles, se ofrece la posibilidad de ver lo que están haciendo los otros grupos a través de una opción de selección. Si se selecciona **grupoA** aparecerá lo siguiente:

Acceso al foro por parte de alumno3, miembro de grupoB, habiendo activado Grupos Visibles y visualizando grupoA.

Con esto se confirma lo comentado al principio del apartado, y queda claro que con **Grupos visibles** se pueden ver a los otros grupos pero no interactuar con ellos. El usuario **alumno3** no puede participar en los temas iniciados por miembros de **grupoA,** pero sí puede verlos.

 **Recuerde**

"Grupos visibles" permiten que los diferentes grupos puedan verse entre sí, pero no interactuar. "Grupos separados" hace que los diferentes grupos sean invisibles entre sí. Por último, para eliminar restricciones y que todos los miembros de los grupos puedan interactuar hay que elegir "No hay grupos".

Otra desprendida del concepto de Grupos que se expondrá será establecer restricciones de acceso a una actividad en función a la pertenencia (o no) a un determinado grupo. Con esto se pretende que haya actividades que, si bien pueden ser vistas en la página principal del curso, solo pueden ser accedidas por miembros de un grupo en concreto. Para ello hay que seguir los siguientes pasos:

1. Ir a la opción **Editar ajustes** de la actividad, a través de la opción correspondiente dentro del menú **Configuración** o activando la edición y editando los ajustes de la tarea dentro de la página principal del curso.

2. Ir al apartado **Restricciones de acceso.**

3. Seleccionar **Añadir restricción.**

4. Seleccionar **Grupo** en la ventana flotante que se despliega, tal y como se ve en la imagen.

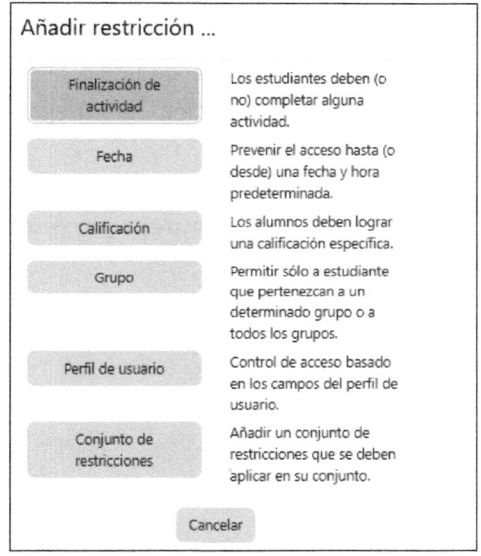

Selección de restricción

5. Fijar las condiciones de la restricción. Se puede configurar para que el usuario esté (o no esté) en un determinado grupo como condición de acceso a la actividad.

 Actividades

6. Razone cual sería la configuración más interesante en un curso en que se establecen dos grupos, una para el turno de la mañana y otro para el turno de la tarde. Haga lo mismo en otro curso en el cual se tiene un grupo para los alumnos que necesitan actividades de refuerzo.

Para terminar con el concepto de grupos en Moodle, se desarrollará la posibilidad de entrega por grupo para actividades de tipo **Tarea.** No es muy común, pero bajo ciertas condiciones puede ser una opción a tener en cuenta con el fin de permitir de una manera real la idea de trabajo colaborativo entre los usuarios.

La idea subyacente es poder realizar actividad de manera grupal. La configuración de esta opción, una vez se ha accedido a la edición de ajustes de la tarea, se encuentra dentro de **Configuración de entrega por grupos:**

Configuración de entrega por grupo para una actividad de tipo Tarea

Las opciones que hay que configurar son las siguientes:

- **Entrega por grupos:** aquí hay que seleccionar **Sí,** siempre que se quiera una entrega grupal. De esta manera, la entrega será compartida por todos los miembros del grupo en cuestión.
- **Se requiere formar parte de un grupo para realizar la entrega:** si se activa, los usuarios que no sean miembro de un grupo no podrán realizar entregas.
- **Se requiere que todos los miembros del grupo entreguen:** si se selecciona **Sí,** será condición necesaria que todos los miembros del grupo entreguen su respuesta a la tarea. En caso contrario, bastará con que uno de ellos lo haga.

La corrección de la actividad se llevará a cabo por el tutor de la misma manera que la corrección individual. La única diferencia son las consideraciones anteriores. Se expondrá el contexto para la siguiente imagen. **Entrega por grupos** está configurada como **Sí**, y **Se requiere que todos los miembros del grupo entreguen** como **No**. El usuario **alumno1** ha mandado la respuesta a la tarea, de tal forma que la respuesta de **alumno2** se da por enviada también.

Configuración de entrega por grupo para una actividad de tipo Tarea

Se recuerda que para llevar a cabo la calificación de la actividad hay que hacer uso del icono ⊕ y pulsar en **Calificar.**

6. Participantes y comunicaciones

Existe una manera muy rápida de ver a todos los participantes del curso. Simplemente hay que hacer clic en el menú **Participantes.** Esta opción se encuentra en la pantalla principal del curso.

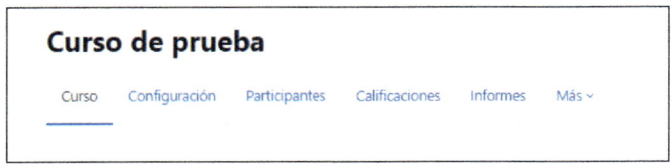

Pantalla principal del curso con el menú de Participantes

Con dicha opción se verán todos los participantes cuya matrícula está en vigor dentro del curso (es decir, no han superado la fecha fin de matriculación en el caso de que haya sido fijada). El resultado de la operación se muestra en la siguiente imagen:

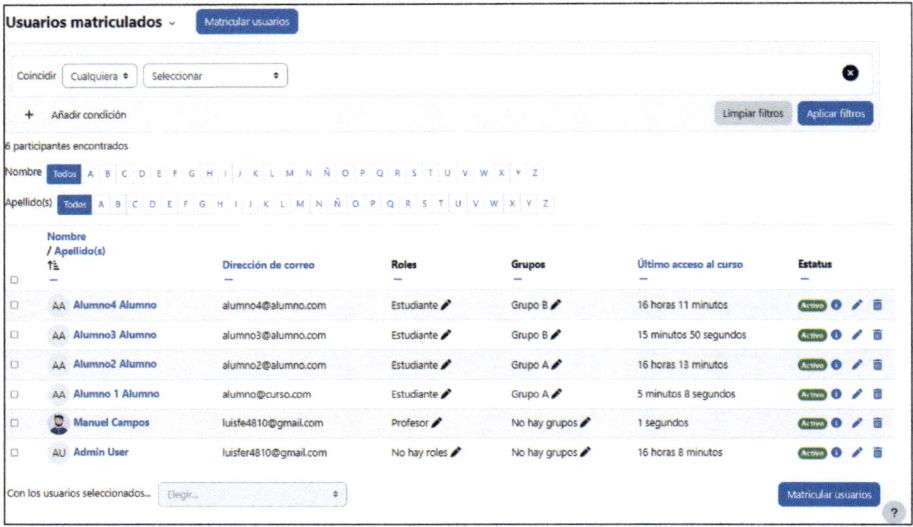

Participantes en el curso actual

 **Recuerde**

Haciendo clic en Participantes solo se mostrarán los usuarios cuya matriculación esté en vigor en el curso. Esto hay que tenerlo en cuenta por si se quiere acceder *a posteriori* como tutor, una vez terminado el curso. En ese caso, posiblemente, la lista de usuarios esté vacía.

Respecto a las comunicaciones, un aspecto importante en la lista de participantes es que se puede proceder al envío de un mensaje, el cual recibirán los usuarios que hayan sido elegidos como destinatarios. Por ejemplo, si se marca la casilla de **alumno1** y se selecciona abajo **Enviar un mensaje,** se podrá escribir un mensaje que recibirá el usuario en cuestión cuando acceda al campus.

Enviar mensaje a una persona   ✕

Cancelar   Enviar mensaje a una persona

Envío de mensaje a alumno1

Para enviar el mensaje solo que hay pulsar en **Enviar mensaje a una perso-na.** Si **alumno1** accede al campus se encontrará un aviso en la parte de arriba junto a su perfil:

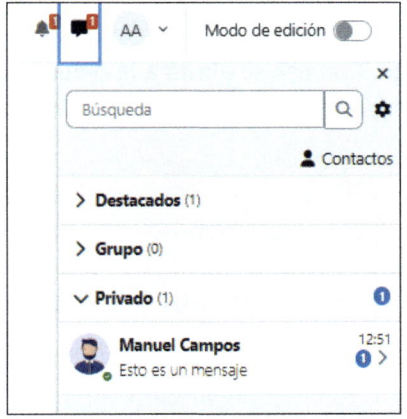

Aviso de Mensajes de alumno1 indicando que ha recibido un mensaje

Otra manera de poder enviar un mensaje a un alumno es accediendo a su perfil. Para ello no hay más que buscar alguna referencia al mismo en el campus (por ejemplo, una participación en un foro o la entrega de una tarea), y hacer clic en el mismo para acceder a su perfil público.

Perfil de usuario con el acceso a Enviar mensaje

Para acceder a las opciones de envío de mensaje lo único que hay que hacer es hacer clic en **Mensaje.** Con eso se abrirá a la derecha un bloque que permitirá visualizar los mensajes entre los dos usuarios y realizar el envío de nuevos.

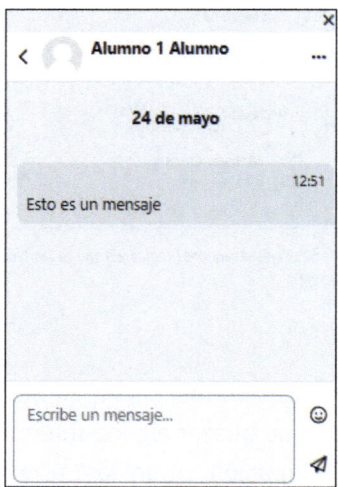

Gestión de mensajes entre usuarios

El envío de mensajes no es exclusivo entre profesor y estudiantes. Los usuarios estudiantes también se pueden enviar mensajes entre sí. La forma más rápida es que el estudiante vaya a la opción **Participantes,** dentro de la pantalla principal del curso, con el fin de mostrar a los participantes del curso en el que está matriculado. Simplemente hay que hacer clic sobre el usuario con el que se desea contactar y seleccionar **Enviar mensaje.**

 ## Actividades

7. ¿Cuáles eran los pasos a seguir para agregar un bloque a un curso? ¿Qué rol era necesario?

Aplicación práctica

Se encuentra tutorizando un curso de Moodle. Debido a las necesidades se encuentra lógica la configuración de Grupos separados en los foros, y que la entrega de las tareas se haga por grupo (sin requerir que todos los miembros entreguen). Indique los pasos a seguir para llevar esto a cabo.

SOLUCIÓN

El primer paso sería cerciorarse de que los grupos de estudiantes están correctamente definidos. Esto se hace, seleccionando Grupos, dentro de la opción **Participantes** en la pantalla principal del curso.

Una vez realizada la comprobación (o creación, en su defecto) de los grupos, se pasará a configurar todas y cada una de las actividades de tipo **Foro.** Lo único que hay que hacer, una vez se acceda a la edición de ajustes de cada actividad, en el apartado **Ajustes comunes de módulo,** es indicar que el **Modo de grupo** es **Grupos separados.**

Para la configuración de entrega por grupos en las actividades de tipo **Tarea,** habrá que acceder a la edición de ajustes de cada una de ellas. En el apartado **Configuración de entrega por grupo** se indicará **Sí,** en **Entrega por grupos.**

Continúa en página siguiente >>

<< Viene de página anterior

Con esto se terminará la configuración de las actividades, tal y como está planteado en el enunciado.

---

7. Scorm

El paquete SCORM ya se introdujo en el capítulo anterior, pero en este se profundizará un poco. No en vano se trata de uno de los elementos más importantes que forman parte de un curso.

7.1. Información general

El **paquete SCORM** es un tipo de actividad que lleva la mayor parte de la carga teórica del curso. Son realizados con herramientas especiales y, por lo general, ya se encontrarán montados en el curso que se pretenda tutorizar o, al menos, se dispondrá de los archivos ZIP para su montaje en el curso de cualquiera de las dos formas vistas (arrastrando sobre la página principal del curso o añadiendo una nueva actividad de tipo **paquete SCORM).**

7.2. Navegabilidad

Los **paquetes SCORM,** en función a su contenido y configuración, pueden ser de dos tipos: paquetes con varios SCO (llamados Multi-SCO) o paquetes con un único SCO.

Los paquetes Multi-SCO son aquellos que tienen varios apartados, accesibles a partir del **índice de contenido** que se muestra a la izquierda. Esto no es norma absoluta, puesto que dicho índice es configurable. Es decir, puede estar presente, no estarlo o ser desplegable. Pero, por lo general, debería aparecer para una correcta navegabilidad. Tal es el caso del paquete que ilustra la siguiente imagen:

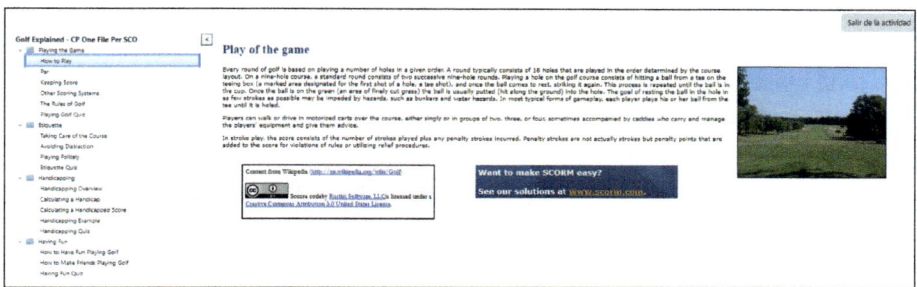

Ejemplo de Paquete Scorm con contenido Multi-SCO

Los paquetes SCORM que solo tienen un SCO no deberían aparecer con índice, ya que no tiene ningún sentido. La configuración de ciertos aspectos visuales, como los relacionados con el índice, se expondrán en el apartado Apariencia. Un ejemplo de paquete con un solo SCO se muestra con la siguiente imagen:

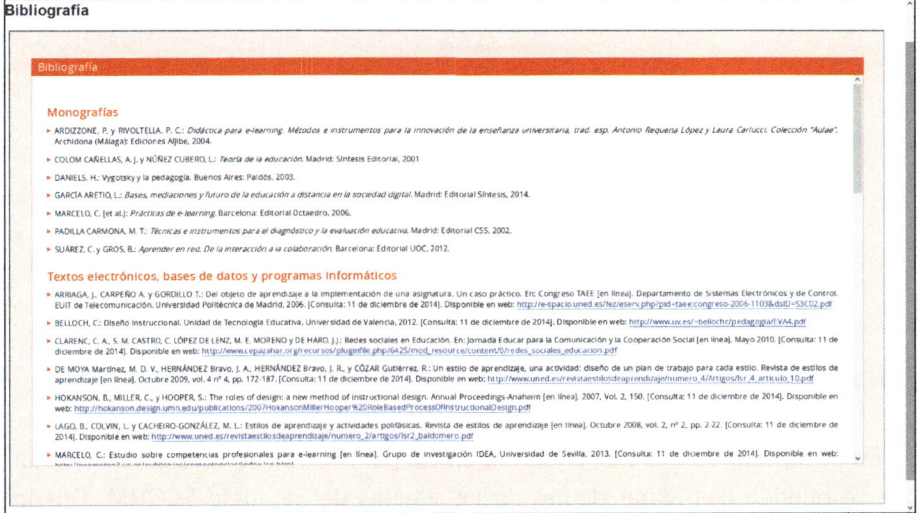

Ejemplo de Paquete Scorm con un solo SCO

En cuanto a la navegabilidad propiamente dicha dentro del contenido SCORM, hay que decir que depende de cómo haya sido desarrollado. Existen paquetes SCORM que muestran únicamente una sucesión de PDF, mientras que hay otros muchísimo más elaborados desarrollados en HTML5, que muestran toda clase de interacciones y hacen uso de la API de SCORM (interfaz de programación de aplicaciones) para manejar calificaciones y estados de completo/incompleto, por ejemplo. El estado **Completo** de un SCO se representa con un OK verde, mientras que el **Incompleto** es un coloreado naranja. Los SCO no accedidos, como es normal, no tienen marca alguna.

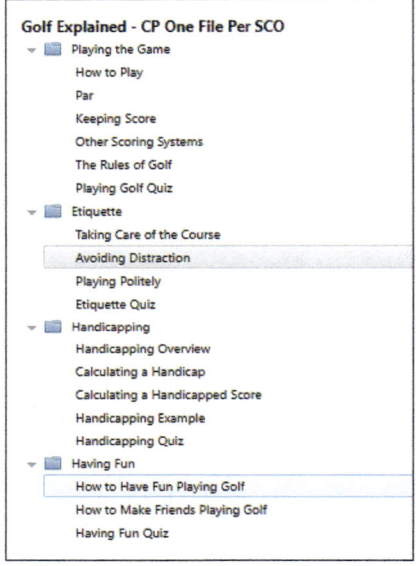

Ejemplo de estados de los elementos SCO de un paquete Scorm

7.3. Apariencia

En el capítulo anterior se enumeraron los parámetros básicos de apariencia que se pueden configurar dentro de los ajustes del paquete SCORM. Quedó pendiente el desarrollo de las opciones avanzadas, disponibles en combinación con las anteriores después de hacer clic en **Mostrar más...,** dentro de las opciones de **Apariencia.** En este apartado se explorarán esas opciones avanzadas, y se volverán a repasar las básicas. La lista completa de opciones se muestra en la siguiente imagen:

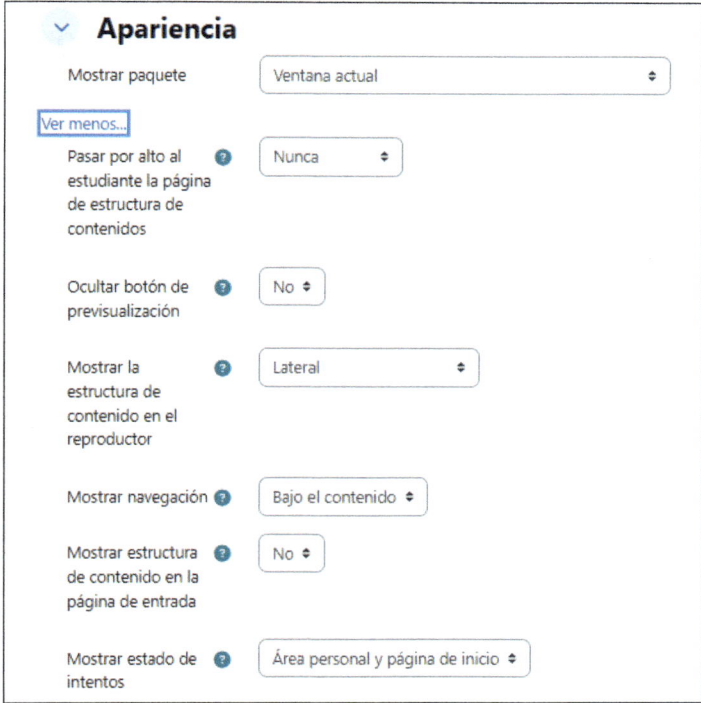

Opciones de Apariencia del paquete SCORM

- **Mostrar paquete:** aquí se elige si el paquete SCORM se muestra en una página nueva, o dentro del propio campus.
- **Pasar por alto al estudiante la página de estructura de contenido:** si se activa esta opción, en el momento en que el estudiante hace clic sobre el paquete SCORM dentro del curso, el SCORM será lanzado inmediatamente sin pasar por la página intermedia que muestra información sobre los intentos, calificaciones posteriores, índice de contenidos...
- **Ocultar botón de previsualización:** en el caso de que se permita mostrar la página de estructura de contenido antes de lanzar el SCORM, se ofrecerá la posibilidad de previsualizar el contenido. Esto hará que no cuente el intento, en el caso de que el SCORM estuviese configurado para tener en cuenta los intentos.
- **Mostrar estructura de contenido en la página de entrada:** permite mostrar la estructura del curso (índice) en la página de estructura de contenido, siempre que dicha página esté visible.

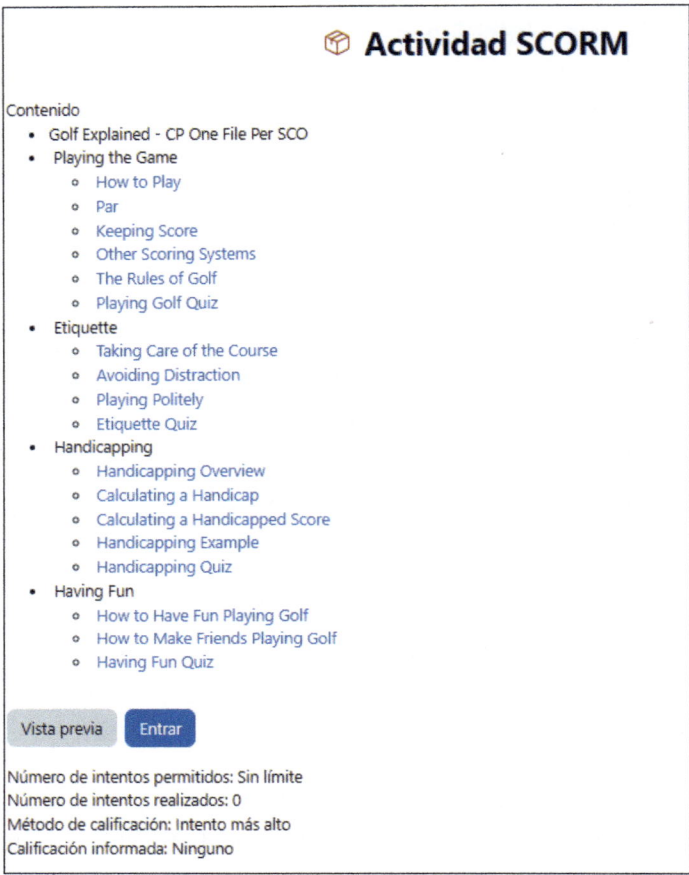

Página de estructura del curso (o página de entrada), mostrando la opción de Previsualización y la estructura del paquete SCORM

- **Mostrar estructura de contenido en el reproductor:** indica cómo se debe mostrar el índice de contenidos en el visor SCORM. Las opciones son **Lateral, Oculto, Deshabilitado** y **En un menú emergente.**
- **Mostrar navegación:** se muestra un panel de navegación para moverse a través de los diferentes SCO que conforman el índice del SCORM. Las opciones de navegación son **No, Bajo el contenido,** y **Flotante.**

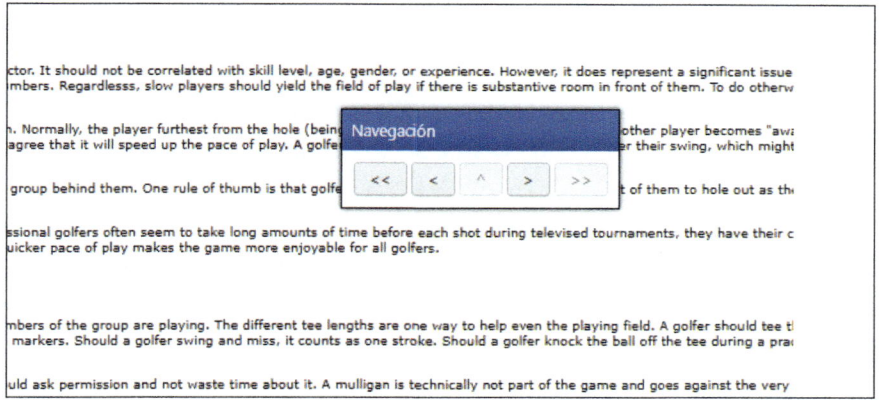

Ejemplo de navegación flotante

- **Desde la izquierda:** desplazamiento horizontal del panel de navegación, en el caso de que se muestre.
- **Desde arriba:** desplazamiento vertical del panel de navegación, en el caso de que se muestre.
- **Mostrar estado de intentos:** permite que se muestre el estado de los intentos, tanto en **Área personal** (que se encuentra dentro del bloque **Navegación),** como en la página de estructura del curso.

 Actividades

8. ¿Tendría sentido mostrar un paquete SCORM de tipo Multi-SCO ocultando completamente el menú lateral y poniendo el panel de navegación de manera flotante?

7.4. Criterios para calificaciones

Una actividad de tipo SCORM puede tener asociada una calificación. Como se ha dicho antes, esto está relacionado a la manera en que haya sido desarrollado y el uso que haga de la API de SCORM. La nota puede llegar a través de una serie de ejercicios, que devuelvan una nota numérica. También puede depender del correcto visionado de todos los elementos, de tal manera que alcanzado el final se asigne una nota de 100. Las posibilidades son infinitas, pero se vuelve a incidir en el hecho en que dependen de cómo haya sido programado el contenido SCORM durante su desarrollo.

Lo importante aquí es saber que el paquete SCORM puede devolver una nota numérica. Y tener en cuenta que se pueden establecer ciertas opciones de configuración a partir de eso. En el capítulo anterior se vieron, en diversos apartados. Ahora se volverá a repasar de manera conjunta.

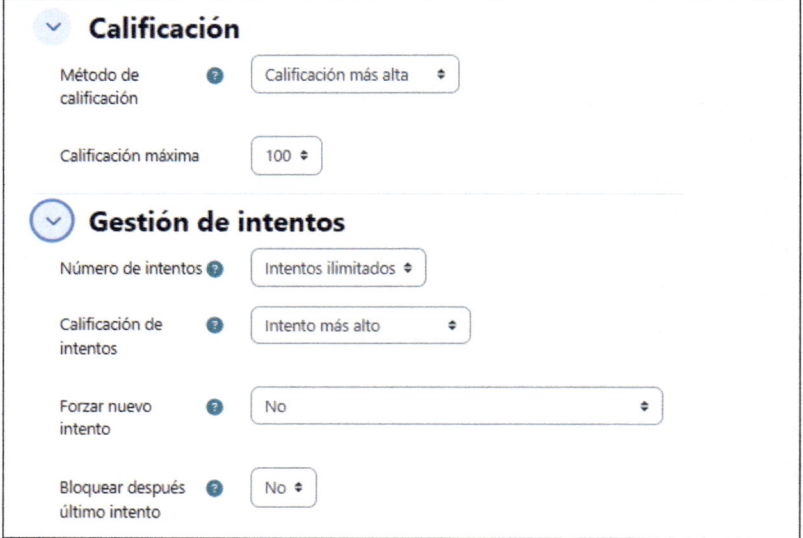

Configuración de Calificación y Gestión de intentos en un paquete SCORM

- **Método de calificación:** método de calificación de cada uno de los intentos realizados sobre el paquete SCORM. Hay cuatro posibilidades de calificación:

  - **Objetos de aprendizaje:** número de objetos de aprendizaje (SCO) completados.
  - **Calificación más alta:** la máxima puntuación obtenida entre todos los elementos SCO realizados.
  - **Calificación promedio:** media de todas las puntuaciones.

▪ **Calificaciones sumadas:** suma de todas las puntuaciones.

■ **Calificación máxima:** es la nota máxima que se puede obtener en el paquete SCORM.

■ **Número de intentos:** número de intentos permitidos.

■ **Calificación de intentos:** indica, en el caso de que haya varios intentos, como se obtiene la calificación final. Las posibilidades son las siguientes:

▪ **Intento más alto:** la calificación viene determinada por el intento de mayor puntuación.

▪ **Intentos promedio:** la calificación es la media de todos los intentos.

▪ **Primer intento:** la calificación viene determinada por el primer intento.

▪ **Último intento finalizado:** la calificación viene determinada por el último intento.

■ **Forzar nuevo intento:** fuerza a que cada lanzamiento del paquete SCORM cuente como un nuevo intento.

■ **Bloquear después del último intento:** bloquea el lanzamiento del paquete SCORM una vez se hayan agotados los intentos.

 Sabía que...

La gestión de los múltiples intentos está íntimamente relacionado a como esté programado el paquete SCORM y a la manera en que se comunica con el campus. Por ejemplo, se pueden producir incoherencias si el paquete no tiene capacidad de tratar con intentos anteriores, pudiéndose llevar a cabo una sobreescritura de dichos intentos previos. Al final todo se reduce a probar, y ver cuál es la mejor configuración en función al contenido SCORM proporcionado.

7.5. Monitorización

Una vez se ha configurado la gestión de la calificación del paquete SCORM, es momento de ver como visualizar esa información de una manera rápida y detallada. La forma más fácil de acceder a dichos registros es pulsar sobre el paquete SCORM, de tal forma que se lance la página de entrada del paquete SCORM.

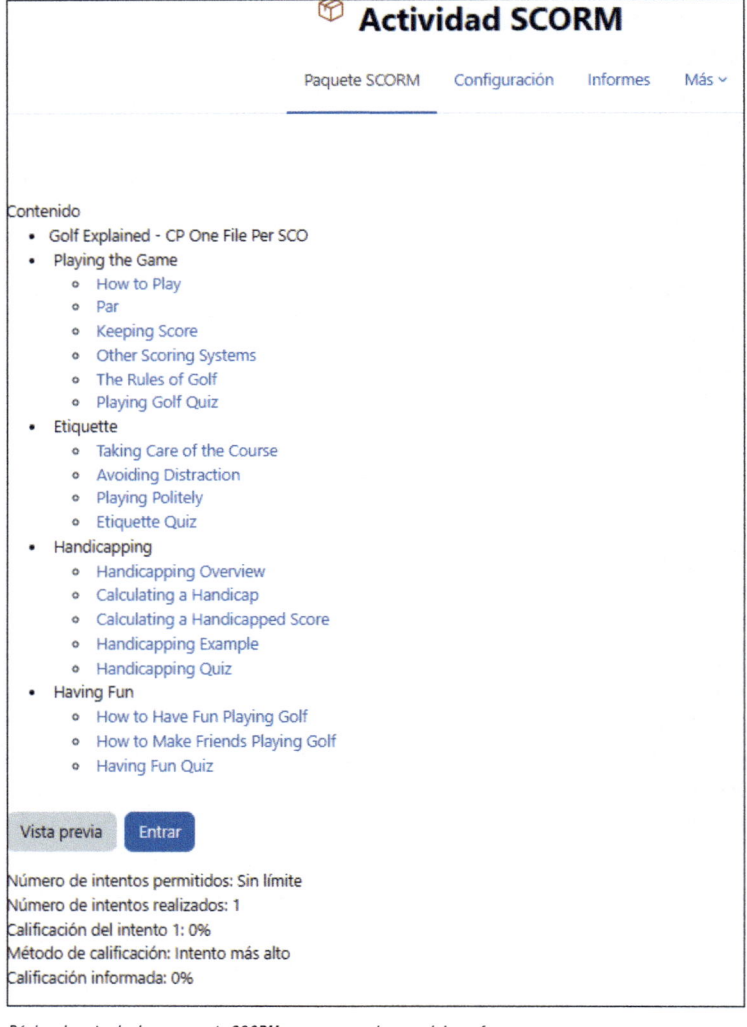

Página de entrada de un paquete SCORM para un usuario con rol de profesor

Como se puede apreciar, la página de entrada del paquete SCORM es ligeramente diferente a la que se presentó anteriormente para un usuario con rol de **Estudiante.** La principal diferencia es que existe una pestaña llamada **Informes.** Aquí es donde hay que hacer clic para acceder a los informes de visualización del paquete SCORM.

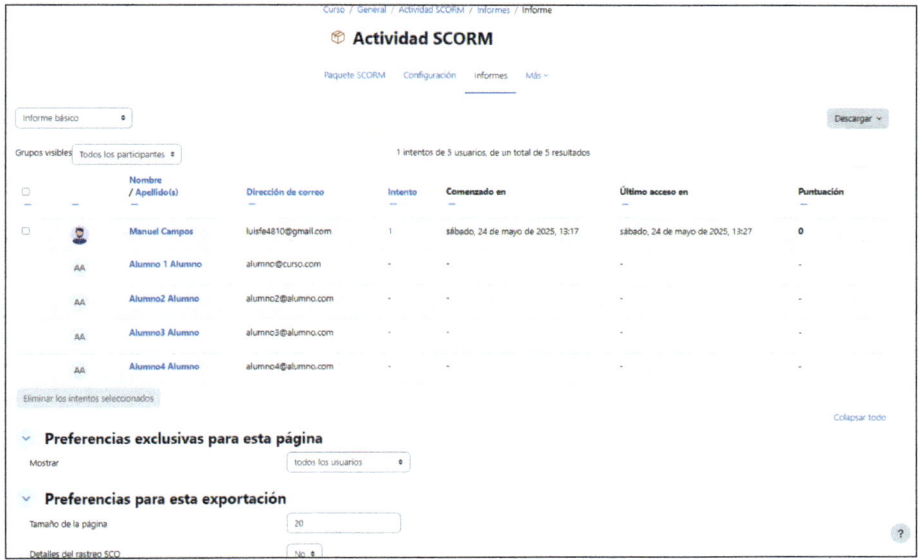

Informes de visualización de un paquete SCORM

En estos informes se mostrará un desglose de cada uno de los objetos de aprendizaje (o SCO) que conforman el paquete SCORM, indicando el estado (completo/incompleto) de los mismos para cada uno de los estudiantes matriculados en el curso. El resto de la información que se muestra es la siguiente:

- **Nombre, Apellidos** y **Dirección de correo** de cada uno de los usuarios matriculados en el curso. Es decir, aquellos que tienen derecho a visualizar el paquete SCORM**.**
- **Intento:** número de intento asociado a esa visualización del paquete SCORM.
- **Comenzado en:** primer acceso al paquete SCORM.
- **Último acceso:** último acceso al paquete SCORM.

- **Puntuación:** calificación asociada a esa visualización. Depende de la configuración del paquete, por lo general, aunque también está condicionada a la programación del paquete SCORM.

Un detalle importante es que se pueden eliminar intentos. Para ello, simplemente, hay que seleccionar el intento (o intentos) en cuestión y hacer clic en el botón **Eliminar los intentos seleccionados.** Con esto se eliminará cualquier referencia en la base de datos a esa interacción por parte del usuario.

 Actividades

9. ¿De cuántos SCO consta un paquete SCORM que solo tiene un elemento en el índice?

8. Copias de seguridad

Las copias de seguridad son uno de los elementos más importantes de Moodle. La posibilidad de realizar un *backup* del curso y, por ejemplo, poderlo restaurar en otro campus proporciona enormes posibilidades de reusabilidad, permitiendo un ahorro considerable de tiempo.

8.1. Realización de la copia de seguridad

La forma más rápida de realizar la copia de seguridad es, dentro de la página principal del curso, clicar en **Más** y elegir la opción **Reutilización de curso.** Una vez dentro de esta pantalla, seleccionamos **Copia de seguridad.** Esto dará inicio a un proceso que se desarrollará en varias partes, empezando por la representada en la siguiente imagen:

Selección de partes del curso que formarán parte de la copia de seguridad

Como se puede ver en la imagen, la primera parte del proceso consiste en seleccionar las partes del curso que formarán parte de la copia. Lo normal es hacer una copia "pura" del curso, sin usuarios matriculados ni nada. En este caso habría que seleccionar los siguientes elementos:

- **Incluir actividades y recursos:** esto es casi necesario, puesto que es el núcleo del curso.
- **Incluir bloques:** los bloques se deben incluir si se desea que el curso a copiar tenga la misma distribución y configuración de los bloques.

El resto de elementos se tendrán en cuenta, o no, en función a las necesidades. Por ejemplo, los eventos del calendario no tendrían sentido si las fechas que proponen quedasen desactualizadas al restaurar la copia. Lo dicho, depende de lo que se quiera.

Si se elige continuar con el proceso se mostrarán las actividades y recursos del curso. Inicialmente estarán seleccionados todos, pero se podrán desmarcar los elementos que no se quieran considerar en la copia de seguridad.

Selección de actividades y recursos que formarán parte de la copia de seguridad

La siguiente parte permite introducir el nombre que tendrá la copia de seguridad, y muestra un resumen de las opciones y elementos seleccionados anteriormente a modo de confirmación.

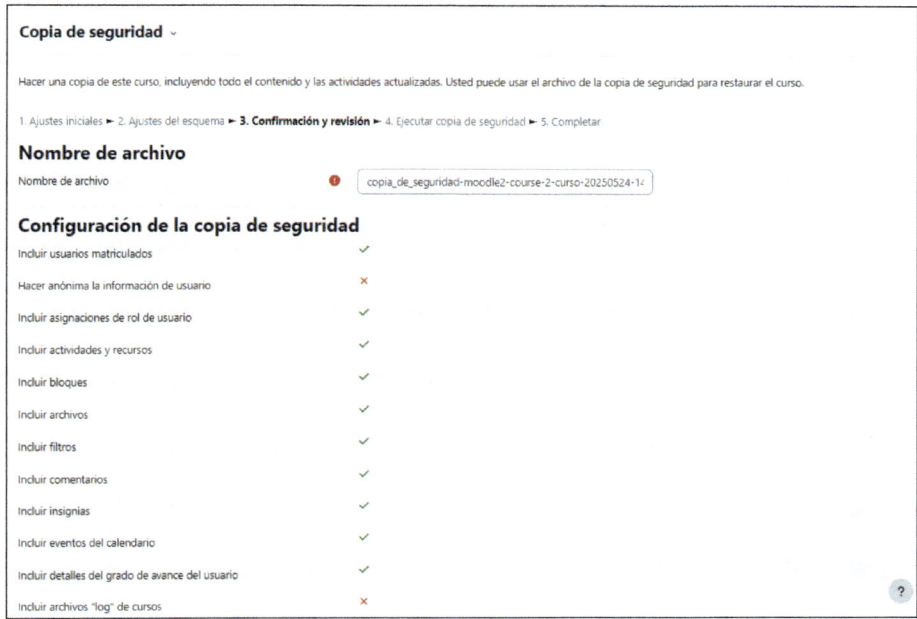

Asignación de nombre y confirmación de opciones

A continuación se realiza la copia de seguridad propiamente dicha, en función a las opciones seleccionadas. Es un proceso que puede tardar más o menos tiempo, dependiendo del tamaño y extensión del curso. El estado del proceso de la copia se irá mostrando en una barra de progreso, indicando el porcentaje completado y el tiempo restante para concluir.

Copia de seguridad ⌄

Hacer una copia de este curso, incluyendo todo el contenido y las actividades actualizadas. Usted puede usar el archivo de la copia de seguridad para restaurar el curso.

1. Ajustes iniciales ► 2. Ajustes del esquema ► 3. Confirmación y revisión ► **4. Ejecutar copia de seguridad** ► 5. Completar

El proceso de copia de seguridad está pendiente

Proceso pendiente

No necesita esperar aquí, el proceso continuará en segundo plano. Puede revisar el progreso en cualquier momento en la página para restaurar..

Regresar al curso

Ejecución de la copia de seguridad

Al terminar la realización de la copia, aparecerá un mensaje indicando que el proceso ha concluido. En este momento la nueva copia estará disponible para su restauración.

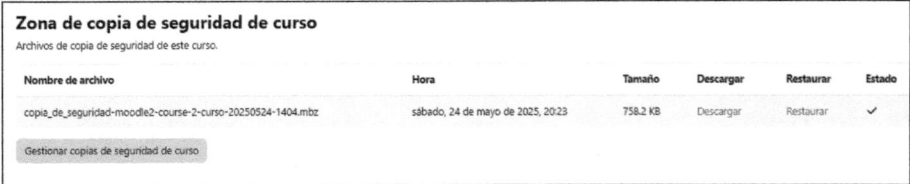

Finalización de la realización de la copia de seguridad

 **Actividades**

10. Ponga varios ejemplos de cursos en los cuales la opción más sensata sea la realización de una copia de seguridad con todos los alumnos matriculados.

8.2. Restauración

Para la restauración de una copia de seguridad se pueden dar dos supuestos. El primero es que se parta de una copia de seguridad hecha en el propio campus (es decir, el campus origen será el mismo que el campus destino). El segundo es a partir de un fichero de extensión .MBZ, que es la extensión propia de las copias de seguridad en Moodle. De una manera u otra, el proceso es prácticamente el mismo.

Para acceder a la opción de restauración, dentro de la **página principal del curso,** clicar en **Más** y elegir la opción **Reutilización de curso.** Una vez dentro de esta pantalla, seleccionamos **Restaurar.** El formulario al que se accederá será como el siguiente:

Selección de copia de seguridad para restaurar

Para continuar con el ejemplo, se hará uso de la primera copia de seguridad que está almacenada en el campus. Únicamente hay que hacer clic en el enlace de **Restaurar** para poder pasar a la siguiente fase del proceso. Lo siguiente que aparecerá se ilustra a continuación:

1. Confirmar ► 2. Destino ► 3. Ajustes ► 4. Esquema ► 5. Revisar ► 6. Proceso ► 7. Completar

Detalles de la copia de seguridad

Tipo	Curso
Formato	Moodle 2
Modo	Asincrónico
Fecha realización	sábado, 24 de mayo de 2025, 20:23
Versión de Moodle	4.5.4 (Build: 20250414) [2024100704]
Copia de seguridad versión	4.5 [2024100700]
URL de la copia de seguridad	http://localhost/moodle [8c48becd1ceb597ca34f8fcda9b7fd88]

Copia de seguridad de parámetros de configuración

Incluir usuarios matriculados	✓
Hacer anónima la información de usuario	✗
Incluir asignaciones de rol de usuario	✓
Incluir actividades y recursos	✓
Incluir bloques	✓
Incluir archivos	✓
Incluir filtros	✓
Incluir comentarios	✓
Incluir insignias	✓
Incluir eventos del calendario	✓
Incluir detalles del grado de avance del usuario	✓
Incluir archivos "log" de cursos	✗
Incluir historial de calificaciones	✗

Detalles de la copia de seguridad y del curso

Se mostrará información de la copia de seguridad, como la versión de Moodle sobre la que se hizo, la fecha, los parámetros seleccionados del curso original y los detalles del curso. Abajo del todo, que será más o menos largo dependiendo del contenido del curso, aparecerá un botón para continuar con el proceso. La siguiente página a mostrar se dividirá en dos bloques, con el fin de una mejor explicación. La parte superior sería esta:

1. Confirmar ► **2. Destino** ► 3. Ajustes ► 4. Esquema ► 5. Revisar ► 6. Proceso ► 7. Completar

Restaurar como curso nuevo

Restaurar como curso nuevo

Seleccione una categoría

	Nombre	Descripción
○	Category 1	

Buscar categorías

Continuar

Restauración como nuevo curso

Y la parte inferior, por otro lado, sería esta otra:

Restaurar en un curso existente

Fusionar la copia de seguridad del curso con el curso existente

Borrar el contenidodel curso actual y después restaurar

Seleccione un curso

	Nombre corto del curso	Nombre completo del curso
○	Campus	Campus de prueba
○	Curso moodle	Curso de moodle
○	Prueba 4	Curso de prueba 4
○	Prueba 3	Curso de prueba 3
○	Prueba 2	Curso prueba 2

Buscar cursos

Continuar

Restauración en un curso existente

La diferencia entre ambas opciones de restauración están claras: la primera permite restaurar la copia de seguridad en el curso actual. Es decir, se restaurará (fusionando o eliminando) sobre el curso desde el cual se ha iniciado el proceso de restauración. La segunda opción es igual que la anterior. La única diferencia es que ahora hay que seleccionar un curso de entre todos aquellos en los cuales el usuario actual tiene rol de Profesor, permitiendo fusionar la copia de seguridad con dicho curso, o bien borrar el contenido de este curso y vaciar la copia de seguridad dentro.

Por fusionar la copia de seguridad con un curso se entiende juntar los contenidos de ambos cursos. Por ejemplo, si el curso contenedor tiene 3 temas, y la copia 2, los temas 1 y 2 de la copia de seguridad se fusionarán con los temas 1 y 2 del contenedor. El tema 3 del curso contenedor permanecerá igual, ya que no hay tema 3 en la copia de seguridad que se pretende restaurar.

Si, por otra parte, el curso contenedor tiene 3 temas y la copia 4, el contenido del tema 4 quedará huérfano y no se mostrará en el curso. Para solucionar esto habrá que ampliar el número de secciones/temas del curso contenedor a 4, con el fin de que el último tema pueda ser visible por los estudiantes.

 Actividades

11. ¿Cómo quedaría una fusión de una copia de seguridad de un curso contenedor de 4 temas con una copia de seguridad de 5 temas?

La selección de la opción que más se adapte a las necesidades, haciendo clic en el botón **Siguiente** correspondiente, permitirá seguir con el proceso de restauración.

Sabía que...

Si el proceso de restauración se hace como Administrador o Creador de curso se podrá restaurar la copia en cualquier categoría de Moodle como un curso nuevo.

Después de elegir la opción de restauración deseada, aparecerá la siguiente página:

1. Confirmar ► 2. Destino ► **3. Ajustes** ► 4. Esquema ► 5. Revisar ► 6. Proceso ► 7. Completar

Restaurar ajustes

☑ Incluir usuarios matriculados

Incluir métodos de matriculación | Sí, pero solamente si están incluidos usuarios ⬦ |

☑ Incluir asignaciones de rol de usuario

☑ Incluir anulaciones de permisos

☑ Incluir actividades y recursos

☑ Incluir bloques

☑ Incluir filtros

☑ Incluir comentarios

☑ Incluir insignias

☑ Incluir eventos del calendario

☑ Incluir detalles del grado de avance del usuario

Incluir archivos "log" de cursos   ✕

Incluir historial de calificaciones   ✕

☑ Incluir grupos y agrupamientos

☑ Incluir competencias

☑ Incluir campos personalizados

Selección de ajustes a restaurar

Las opciones que aparezcan en **Restaurar ajustes** dependerán de las opciones seleccionadas durante la realización de la copia de seguridad. Por ejemplo, durante la realización de la copia que se utiliza en este ejemplo se seleccionaron todas las opciones, menos archivos de log y el historial de calificaciones, por lo que estas son las únicas opciones que no están disponibles. Observe que son acompañadas por la siguiente marca:

Para pasar a la siguiente fase del proceso se hace clic en **Siguiente** (después de elegir las opciones). Aparecerá una página parecida a la indicada en la siguiente imagen:

1. Confirmar ► 2. Destino ► 3. Ajustes ► **4. Esquema** ► 5. Revisar ► 6. Proceso ► 7. Completar

Ajustes del curso

Nombre del curso		Nombre corto del curso	
	Curso de prueba importaci		Curso importado

Inicio del curso

9 ⬍   mayo ⬍   2025 ⬍   00 ⬍   00 ⬍ 📅

Seleccionar
Todos / Ninguno (Mostrar tipo de opciones)

Select
Todos / Ninguno

☑ **Sección 0**   ☑ **Datos de usuario**

☑ Announcements ▣   ☑ -

☑ Actividad SCORM ▣   ☑ -

☑ **Sección de encuesta**   ☑ **Datos de usuario**

☑ Encuesta de prueba ▣   ☑ -

☑ **Sección de Wiki**   ☑ **Datos de usuario**

Selección de ajustes de curso

Ahora se puede elegir el nombre del curso, aparte del nombre corto y la fecha de inicio del mismo. Pero lo interesante es que se permite seleccionar que elementos concretos se pretenden restaurar. Por defecto salen seleccionados todos pero, como se ha dicho, si se quiere una restauración parcial se pueden desmarcar los elementos que sobren para que no aparezcan en la copia restaurada. Para pasar a la siguiente página, como siempre, hay que hacer clic en **Siguiente.**

1. Confirmar ► 2. Destino ► 3. Ajustes ► 4. Esquema ► **5. Revisar** ► 6. Proceso ► 7. Completar	
Restaurar ajustes	
Incluir usuarios matriculados	✓
Incluir métodos de matriculación	Sí, pero solamente si están incluidos usuarios
Incluir asignaciones de rol de usuario	✓
Incluir anulaciones de permisos	✓
Incluir actividades y recursos	✓
Incluir bloques	✓
Incluir filtros	✓
Incluir comentarios	✓
Incluir insignias	✓
Incluir eventos del calendario	✓
Incluir detalles del grado de avance del usuario	✓
Incluir archivos "log" de cursos	✗
Incluir historial de calificaciones	✗
Incluir grupos y agrupamientos	✓
Incluir competencias	✓
Incluir campos personalizados	✓
Incluir contenido del banco de contenido	✓

Revisión de opciones de restauración

La última fase antes de la ejecución de la restauración es la revisión de las opciones elegidas. Aquí se mostrará todo lo elegido previamente, incluidos los elementos que se pretenden restaurar. Para terminar el proceso, siempre que se den por revisadas las opciones y no se quiera volver atrás, hay que hacer clic en **Ejecutar restauración.** Ahora solo queda esperar a que se restaure la copia, proceso que puede suponer hasta varios minutos dependiendo de la complejidad y tamaño del curso contenido en la copia.

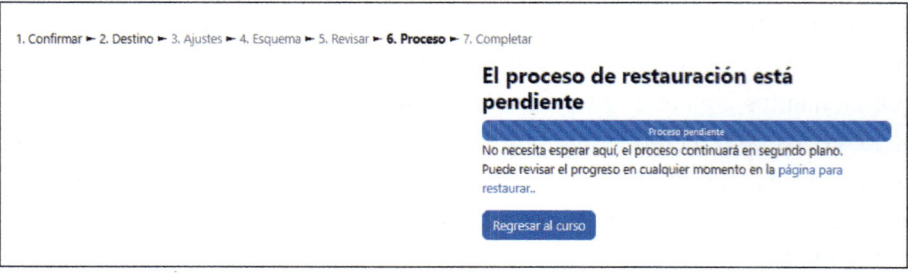

Progreso de la restauración

Con esto termina el proceso de restauración. Si todo ha ido bien aparecerá una página indicando que la restauración ha sido ejecutada correctamente, ofreciéndose un botón para ir al nuevo curso.

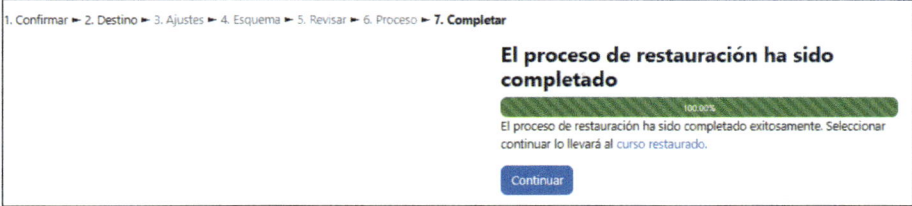

Finalización del proceso de restauración

 Recuerde

El proceso de restauración hace uso del resultado de un proceso de copia de seguridad, el cual genera un archivo de extensión MBZ conteniendo a un curso (completa o parcialmente). El archivo MBZ podrá estar en el propio campus (si es una copia de un curso residente en el mismo), o bien se puede adjuntar un archivo manualmente y proceder a la restauración a partir de él.

Un detalle que no se ha comentado hasta ahora afecta a la versión de Moodle. Hay que tener muchísimo cuidado si se quiere restaurar una copia procedente de un campus cuya versión de Moodle es inferior a la del campus que quiere albergar el nuevo curso restaurado. Esto podría dar lugar a errores impredecibles.

9. Calificador

Para terminar con este manual, se hará un pequeño recorrido sobre un apartado importantísimo de Moodle y, a menudo, no muy conocido. Se trata del **Calificador.** Este apartado daría para un tema completo, pero se harán mención a los puntos más básicos (y, a la vez, los más usados). Para ilustrar el Calificador se partirá de la siguiente estructura de curso. En el estarán matriculados cuatro usuarios genéricos:

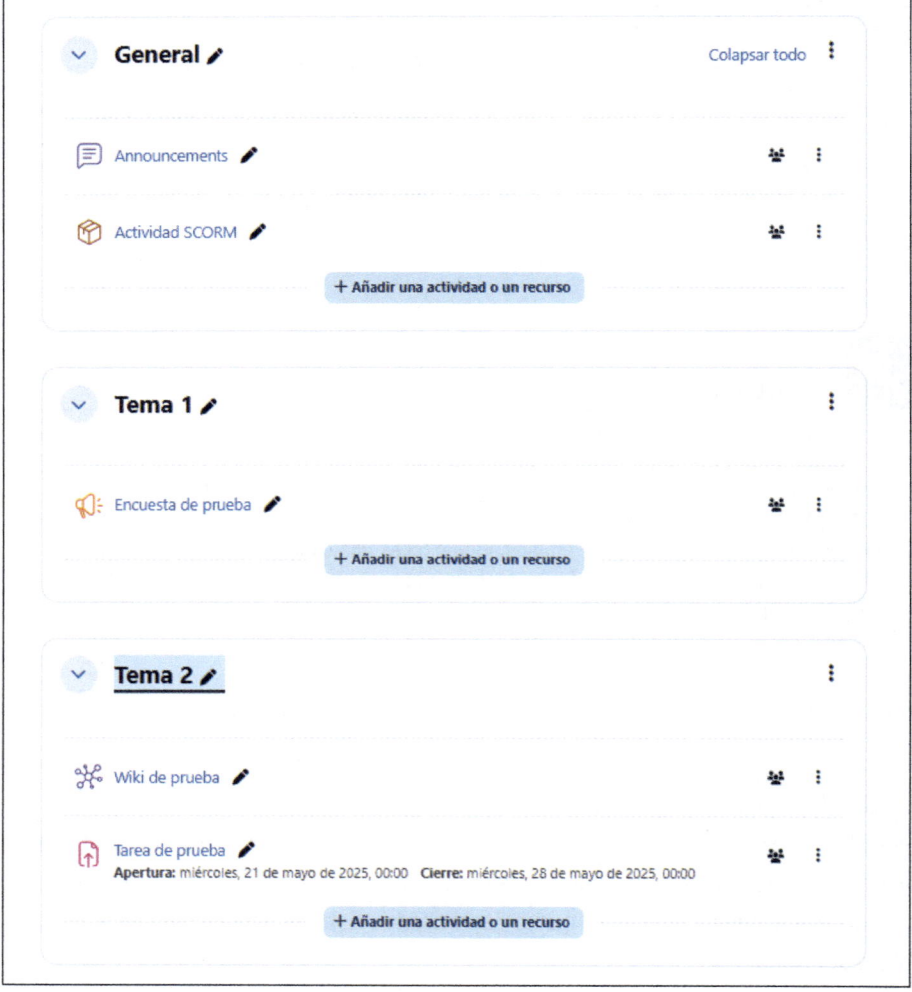

Estructura del curso

Para entrar en el Calificador hay que seguir la siguiente secuencia:

1. Ir a la página principal del Curso.
2. Ir al menú **Calificaciones.**

La página que aparecerá, para el curso propuesto y los alumnos matriculados, será la que se muestra a continuación:

Vista de Calificador

Sino aparece la vista arriba indicada, en el menú desplegable de la parte superior hay que seleccionar **Informe de Calificador.** En esta vista aparecerán todos los alumnos que están matriculados, junto con las actividades que dejan nota. Como se puede apreciar, las actividades que dejan nota son los paquetes SCORM y las tareas. Los foros que forman parte del curso no dejan calificación numérica.

Para cada una de ellas se muestra la calificación obtenida. Por ejemplo, **alumno1** ha sacado 83 en la Tarea 1, 70 en la Tarea 2 y 10 en el Cuestionario 1. El usuario **alumno2,** por otra parte, ha obtenido una calificación numérica en las tres actividades (80, 56 y 7, respectivamente), generando una media de 143.

Lo que se quiere decir con esto es que, por defecto, cada actividad tiene el mismo peso. En la última columna se plasma la suma del alumno en el curso, que viene siendo una suma estándar si cada actividad tiene el mismo peso (como es el caso). La última fila es la media de los alumnos en cada una de las actividades.

Ahora bien... ¿cómo se pueden cambiar los pesos asignados a cada actividad? La respuesta se encuentra seleccionando **Configuración Calificaciones** en el menú desplegable superior. Para este caso aparecerá la siguiente tabla:

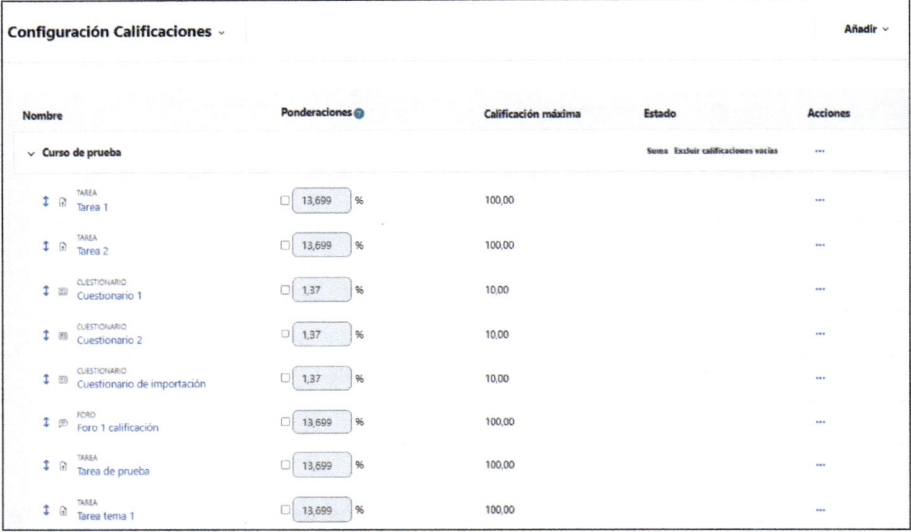

Vista de Configuración Calificaciones

Se pueden ver las diferentes actividades, junto con la ponderación asignada y la calificación máxima permitida. Para editar las ponderaciones, simplemente, hay que hacer clic en el cuadrado pequeño que aparece al lado de la ponderación correspondiente. Por ejemplo, si se hace eso para **Tarea 1** aparecerá lo siguiente:

Edición de ponderaciones

Tras modificar la ponderación, hay que hacer clic en **Guardar cambios:**

Nombre	Ponderaciones ⓘ	Calificación máxima	Estado	Acciones
⌄ **Curso de prueba**			Suma Excluir calificaciones vacías	...
↕ 🗐 TAREA Tarea 1	☑ 25,0 %	100,00		...
↕ 🗐 TAREA Tarea 2	☐ 11,905 %	100,00		...
↕ ▦ CUESTIONARIO Cuestionario 1	☐ 1,19 %	10,00		...
↕ ▦ CUESTIONARIO Cuestionario 2	☐ 1,19 %	10,00		...
↕ ▦ CUESTIONARIO Cuestionario de importación	☐ 1,19 %	10,00		...
↕ 🗐 FORO Foro 1 calificación	☐ 11,905 %	100,00		...
↕ 🗐 TAREA Tarea de prueba	☐ 11,905 %	100,00		...

Sus pesos han sido ajustado a un total de 100.

Vista de Calificador con nuevas ponderaciones

Al editar el peso de la primera actividad a 25, el resto de actividades han redistribuido su peso para que la suma de todos siga siendo 100.

Preguntas importantes que surgen ahora pueden ser las siguientes: ¿se puede modificar una nota de una actividad? ¿Se puede hacer que una determinada calificación no sea tenida en cuenta? La respuesta a ambas preguntas es sí. Para ello, simplemente, hay que ir a la **Vista simple** y buscar al usuario que deseemos.

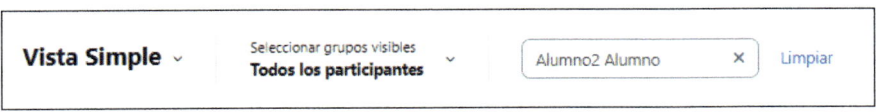

| **Vista Simple** ⌄ | Seleccionar grupos visibles **Todos los participantes** ⌄ | Alumno2 Alumno ✕ | Limpiar |

Acceso a Vista simple de usuario

La imagen que se ofrecerá a continuación permitirá modificar notas y excluir actividades del cómputo. Para modificar la nota hay que seleccionar la actividad que se quiera modificar en la columna **Anular,** e introducir el nuevo valor numérico en la columna **Calificación.** Para excluir actividades, por otra parte, hay que marcar la correspondiente actividad en la columna **Excluir.** También, y eso es muy importante, se pueden actualizar todos los valores de actividades que no hayan recibido calificación, mediante la opción de **Realizar inserción masiva.** Para el ejemplo representado por la siguiente imagen se ha excluido la calificación de la **Tarea 1** y modificado la nota de **Cuestionario** 2 a 8.

Modificación de notas y exclusión de actividades

Una vez hechos los cambios anteriores, y habiendo pulsado en **Guardar,** se mostrará el resultado de las modificaciones. Como se puede apreciar se indica la actividad excluida con el símbolo ⊡. También se actualizará el total del curso (las medias de las actividades según estudiantes seguirán igual):

Resultado de las modificaciones en la Vista general del Calificador

Se podría presentar el caso de que se desea excluir una actividad para todos los estudiantes del curso. Esto puede ser un poco engorroso, si pretende hacerse uno a uno. Lo más sensato, dada esta situación, es hacer clic en el icono ⊡ que hay al lado del nombre de la actividad y elegir Vista única para este elemento.

Supóngase que se quiere excluir la nota de la Tarea 1:

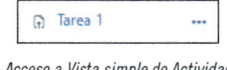

Acceso a Vista simple de Actividad

En las opciones que se ofrecen, únicamente hay que pulsar en Excluir todos, de manera que las actividades de la Tarea 1 para todos los usuarios queden seleccionadas.

Editando calificaciones de Tarea 1

Nombre completo del usuario		Calificación	Rango	Retroalimentación	Anular	Excluir
AA Alumno 1 Alumno	···	83,00	0,00 - 100,00	\<p>Muy buen trabajo\</p>	☐	☑
AA Alumno2 Alumno	···		0,00 - 100,00		☐	☑
AA Alumno3 Alumno	···		0,00 - 100,00		☐	☑
AA Alumno4 Alumno	···		0,00 - 100,00		☐	☑

Exclusión de Tarea 1

El resultado de aplicar estas modificaciones será el siguiente. Como se puede observar, la Tarea 1 ha sido excluida para todos los participantes, y la calificación total del curso actualizada:

Informe del calificador ˅										

Buscar usuarios · | Seleccionar grupos visibles ˅ Todos los participantes | Filtrar por nombre ˅

		Curso de prueba ···								
Nombre / Apellido(s) ↑↓ ···	Dirección de correo ···	⊡ Tarea 1 ···	⊡ Tarea 2 ···	🗒 Cuestionario 1 ···	🗒 Cuestionario 2 ···	🗒 Cuestionario de importación ···
AA Alumno 1 Alumno ···	alumno@curso.com	[83,00] ··· ⊛	[70,00] ···	[10,00] ···	[ ] ···	[ ] ···
AA Alumno2 Alumno ···	alumno2@alumno.com	[ ] ··· ⊚	[56,00] ··· ☑	[7,00] ··· ☑	[8,00] ··· ☑	[ ] ···
AA Alumno3 Alumno ···	alumno3@alumno.com	[ ] ··· ☑ ⊚	[ ] ···	[ ] ···	[ ] ···	[ ] ···
AA Alumno4 Alumno ···	alumno4@alumno.com	[ ] ··· ☑ ⊚	[ ] ···	[ ] ···	[ ] ···	[ ] ···
	Promedio general	83,00	63,00	8,50	8,00	-

Resultado de la exclusión de Tarea 1

Actividades

12. El calificador es una herramienta muy poderosa, de la cual hay que hacer buen uso. ¿Considera correcto editar una nota final de un usuario? Plantee posibles circunstancias en las cuales esa situación sería aceptable.

El Calificador ofrece muchas más opciones, como la posibilidad de importar y exportar resultados en archivos CSV, la creación de agrupaciones de actividades en categorías con fines organizativos, la agregación de otros ítems y que estos puedan recibir calificación... Como se ha dicho esto daría para un tema completo, así que se ha optado por mencionar lo básico y dejar el resto de las opciones como posible labor de investigación.

 **Recuerde**

El Calificador muestra todas las actividades que reciben nota, con el fin de obtener una calificación final en el curso. Las actividades se pueden ponderar (recibiendo un mayor o menor peso, según la importancia que se le quiera dar). También se puede modificar la calificación recibida, y se pueden excluir para que no sean consideradas en el global del curso.

 Aplicación práctica

Imagine que quiere hacer uso del calificador de un curso en Moodle, compuesto por tres paquetes SCORM, una prueba de evaluación final y una prueba optativa de repaso. Pondere las actividades y haga que la prueba optativa esté excluida del recuento. La ponderación será 20 %, para cada uno de los paquetes SCORM, y 40 % para la prueba de evaluación final.

SOLUCIÓN

El primer paso es ir a **Calificaciones**. Esta opción se encuentra dentro de la **página principal del curso**.

Una vez dentro de **Calificaciones** hay que elegir la vista de **Configuración Calificaciones**, con el fin de acceder a las ponderaciones de cada una de las actividades. Allí es donde habrá que indicar que los paquetes SCORM pesan un 20 % cada uno, mientras que la tarea final es un 40 %:

Lo último que quedaría es excluir a la actividad de repaso. Para ello se accederá a la vista **Calificador** y se hará clic en el icono que hay al lado de la actividad que se desea excluir.

Una vez hecho eso, hay que seleccionar **Excluir** en todos los alumnos.

Una vez guardados los cambios y, accediendo a la vista **Informe del Calificador,** se podrá ver el resultado de las modificaciones solicitadas.

10. Resumen

En este tercer (y último) capítulo del manual se ha visto, en esencia, cómo gestionar un curso en profundidad y cómo poder realizar un seguimiento de la actividad del alumnado.

Lo primero, y más importante, es efectuar la matriculación de los estudiantes. Para ello hay que partir de usuarios dados de alta en el campus, y llevar a cabo la matriculación de los mismos con el rol de Estudiantes. En esta matriculación se puede indicar también una fecha de fin, pasada la cual el acceso al curso dejará de tener vigencia.

Se ha tratado el tema del acceso condicional, directamente consecuencia de la finalización de la actividad vista en el segundo capítulo. Gracias al acceso condicional se pueden fijar restricciones de acceso, con el objetivo de que una actividad esté disponible cuando se cumplan ciertas condiciones (como puede ser la finalización de actividades previas o requerir cierta marca temporal).

Los informes, por otra parte, permiten ver la actividad del alumno en el curso. Se desglosan en varios tipos: informes de actividad, de participación en el curso, de finalización de actividad... También se ha dedicado un apartado al Calificador, al ser un concepto también muy relacionado con los informes. Con él se pueden ver todas las calificaciones dadas en el curso, recalificar notas y modificar el peso que cada actividad tiene en la nota final del curso.

También se ha avanzado en el concepto de grupos. Mientras que en el capítulo anterior se vio como crear grupos, en este caso se ha visto la utilidad real que puede tener en el caso de aplicarlo a actividades. Con ello se podrá establecer una división real, de tal forma que los usuarios de diferentes grupos no puedan "verse" a diferentes niveles. Para concluir el apartado dedicado a grupos se ha visto la posibilidad de entrega grupal en actividades de tipo Tarea.

Respecto a los paquetes SCORM se han profundizado en sus posibilidades de configuración y calificación y, sobre todo, en las posibilidades de monitorización de la actividad del usuario en el mismo, con el fin de eliminar intentos y ver el nivel de progreso en dicho paquete SCORM.

El último gran concepto que se ha abordado en este capítulo ha sido la copia de seguridad y su posterior restauración. Las posibilidades son enormes: desde restaurar una copia de seguridad de un curso hecha desde el propio campus, hasta hacerlo con una copia procedente de otro campus diferente. Todo ello pasando por opciones de fusión de copia con un curso ya existente, o borrado del mismo para restaurar dicha copia desde cero.

Ejercicios de repaso y autoevaluación

1. **Para matricular a un usuario en un curso...**

   a. ... el usuario debe estar en el campus previamente.
   b. ... el usuario no debe estar en el campus previamente.
   c. ... el usuario no debe estar matriculado en otro curso previo.
   d. Todas las opciones son incorrectas.

2. **¿En qué momento, por regla general, se lleva a cabo la especificación del rol de un usuario?**

   _____

   _____

3. **El acceso condicional puede fijar restricciones de tipo...**

   a. ... fecha.
   b. ... calificación.
   c. ... perfil de usuario.
   d. Todas las opciones son correctas.

4. **Complete el siguiente texto:**

   La suspensión de la _____ de usuario en un curso se puede llevar a cabo en cualquier _____, accediendo a los datos de matriculación seleccionando al usuario en la lista de usuarios _____ en dicho curso.

5. **Son informes básicos de Moodle:**

   a. Informe diario.
   b. Informe de registros.
   c. Informe de asistencia.
   d. Todas las opciones son incorrectas.

6. El informe de actividad del curso...

    a. ... muestra todas las participaciones del usuario en los foros.

    b. ... muestra una lista con todas las actividades y recursos del curso, indicando las vistas y la fecha de último acceso.

    c. ... indica el número de mensajes enviados a otros usuarios.

    d. Todas las opciones son incorrectas.

7. Complete el siguiente texto:

La entrega por grupos se aplica a actividades de tipo _____. Puede requerir que todos los miembros _____, o que solo lo haga un _____ de dicho grupo.

8. El contenido de un paquete SCORM...

    a. ... puede mostrarse en una pestaña independiente del navegador.

    b. ... no se puede configurar de alto ni de ancho.

    c. ... si el paquete es Multi SCO, debe mostrar el índice por obligación.

    d. Todas las opciones son incorrectas.

9. Si se fusionan un curso con una copia de seguridad...

    a. ... se respetan los temas pero se borran los contenidos del curso original.

    b. ... se juntan los contenidos de ambos cursos, independientemente del número de temas de ambos cursos.

    c. ... en Moodle no existe la opción de fusionar contenidos.

    d. ... únicamente se juntarán los contenidos de los temas que coincidían. Si la copia tiene tres temas, y el contenedor dos, el tercer tema de la copia no se restaurará.

10. ¿Qué es el calificador?

_____

_____

_____

_____

Glosario

Archivos CSV

Los archivos CSV *(comma-separated values)* son un tipo de archivo que permite la representación de una tabla en un archivo de texto, fácilmente editable desde cualquier bloc de notas. En Moodle se utilizan para realizar una carga masiva de alumnos, de tal forma que cada valor separado por comas se refiera a un campo determinado.

Archivo MBZ

Un archivo MBZ es aquel que contiene la copia de seguridad de un curso de Moodle. Básicamente es un archivo comprimido ZIP, que contiene toda la información que se haya deseado incluir al hacer la copia de seguridad (matriculados, calificaciones, actividades, bloques, logs...).

Archivo ZIP

Un archivo ZIP es un archivo comprimido. Dentro de él hay contenidos diversos archivos, que solo son accesibles una vez ha sido descomprimido el dicho archivo zip. En Moodle, por ejemplo, los paquetes SCORM son un archivo ZIP.

Canal RSS remoto

Es un canal que proporciona información de diversa índole a sus suscriptores (noticias, por ejemplo). En Moodle existe un bloque que muestra la información proporcionada a través de los canales RSS que se especifiquen.

Código HTML

Código HTML es el generado con el lenguaje HTML, el cual es usado para programar páginas web. Es un tipo de lenguaje basado en etiquetas. En Moodle sirve de aplicación para editar de manera avanzada la descripción de diversos elementos, aprovechando dichas etiquetas para dar formato al texto.

Category 1

Category 1 es una categoría que existe por defecto en cada campus Moodle. El uso que se le quiera dar depende de cada administrador, pero generalmente es el punto de partida para la creación de nuevos cursos.

Moodle

Moodle es una aplicación que se ejecuta en un entorno web, accesible a través de cualquier dispositivo que incorpore navegador. Se trata de un *software* libre, cuya máxima utilidad es proporcionar un entorno que actúe como plataforma educativa a través de la gestión de cursos.

Multimedia

Multimedia es la combinación de diversos elementos tanto gráficos como sonoros: vídeos, texto, imágenes, sonido... Moodle contempla el uso de estos elementos, ya sea a través de la inserción directa o, incluso, dentro de la propia descripción.

Objetos de Aprendizaje o SCO

Los objetos de aprendizaje o SCO son cada uno de los elementos que forman parte de un paquete SCORM. Suelen coincidir con las diferentes entradas que aparecen en el índice de la izquierda que se muestra al ver el contenido de un paquete SCORM.

Open Source

Open Source es un *software* de código abierto. Este tipo de licencia permite que el *software* pueda ser modificado y re-distribuido por terceros, adquiriendo de esta manera connotaciones de *software* de desarrollo colaborativo.

Paquetes SCORM

Los paquetes SCORM son ficheros de extensión ZIP que se instalan en un curso de Moodle a través del tipo de actividad "paquete SCORM". En un curso normal, estos paquetes contienen la mayor parte de la carga lectiva del curso. Dependiendo de su programación pueden contener multitud de elementos interactivos que hacen más motivadora la labor de aprendizaje del alumno.

Plugins

Un *plugin* es un complemento que amplía la funcionalidad de un *software*. En Moodle existen diversos tipos de complementos, que posibilitan el uso de, por ejemplo, nuevos tipos de actividades, nuevos bloques, o nuevos formatos de curso.

Retroalimentación o *feedback*

Retroalimentación es proporcionar información sobre el resultado de una actividad al elemento original que facilitó dicho resultado. En Moodle, por ejemplo, se refiere a los comentarios que puede dejar un tutor al corregir una actividad de tipo Tarea.

Rol

Un rol es el "papel" con el cual se matricula un usuario en un curso de Moodle. Según el rol del usuario, este tendrá diferentes permisos y posibilidades. Por ejemplo, el "profesor sin derechos de edición" no puede crear nuevas actividades, pero un usuario con rol "profesor" sí.

Bibliografía

Monografía

▎ ARDIZZONE, P. y RIVOLTELLA, P. C.: *Didáctica para e-learning. Métodos e instrumentos para la innovación de la enseñanza universitaria, trad. Espp. Antonio Requena López y Laura Carlucci. Colección "Aulae".* Archidona (Málaga): Ediciones Aljibe, 2005.

▎ MARCELO, C. *[et al.]: Prácticas de e-learning.* Barcelona: Editorial Octaedro, 2006.

▎ SUÁREZ, C. y GROS, B.: *Aprender en red. De la interacción a la colaboración.* Barcelona: Editorial UOC, 2012.

Textos electrónicos, bases de datos y programas informáticos

▎ Documentación oficial de Moodle en Español, de: <https://docs.moodle.org/all/es>.

▎ Foros de la comunidad de Moodle, de: <https://moodle.org/course/view.php?id=11>.